远足

跳高

发奖

群舞

欢送下乡

玉林市第一中学90年校友回忆录

SUIYUE HUIMOU YULIN SHI DIYI ZHONGXUE JIUSHI NIAN XIAOYOU HUIYI LU

1923 — 2013 年

岁月回眸

主编 陶标

广西师范大学出版社
GUANGXI NORMAL UNIVERSITY PRESS
·桂林·

图书在版编目（CIP）数据

岁月回眸：玉林市第一中学90年校友回忆录：1923~2013年/陶标主编．—桂林：广西师范大学出版社，2013.11

ISBN 978-7-5495-4605-3

Ⅰ．①岁…　Ⅱ．①陶…　Ⅲ．①玉林市第一中学—校友—回忆录　Ⅳ．①G639.286.73

中国版本图书馆CIP数据核字（2013）第267970号

广西师范大学出版社出版发行

（广西桂林市中华路22号　邮政编码：541001
网址：http://www.bbtpress.com）

出版人：何林夏

全国新华书店经销

桂林日报印刷厂印刷

（广西桂林市八桂路2号　邮政编码：541001）

开本：880 mm × 1 240 mm　1/32

印张：8.625　　插页：2　　字数：210千字

2013年11月第1版　　2013年11月第1次印刷

印数：0 001~2 000册　　定价：28.00元

序 言

风雨90载，扬帆新征程。

我们的母校——玉林市一中建校至今已整整90年了。90年来，玉林市一中薪火相传，承前启后，推陈出新。在母校90周年校庆来临之际，这部饱含无数校友美好回忆、凝聚校史办公室工作人员辛勤汗水的《岁月回眸——玉林市第一中学90年校友回忆录》终于和大家见面了。

从1923年建校至今，几代一中人教于斯，学于斯，游于斯，成长于斯，对母校的一砖一瓦、一草一木都充满了感情。校友们开启尘封的记忆，饱蘸感情的笔墨，回忆起在母校学习、生活的点点滴滴，行文平易畅达，落笔情真意切。其中，既有对校园逸趣、生活风貌、恩师风范、师生情谊的抒写；又有对学校历史掌故、重大活动的回忆；更有在母校修身养德、求学做人的感悟……昔日情景历历在目，感人至深。至今读来，令人倍感亲切，心潮澎湃。

时光流逝像一张网，流走的是岁月，流不走的是校友们珍贵的记忆；回忆又似一坛陈酿的美酒，时间越长，味道就越醇。这本回忆录共收集了60多篇不同时期校友在一中工作、学习、生活的鲜活生动的故事，既是母校历史的“活标本”，又是校友饱含人生阅历、厚积薄发之作，表达了校友对母校真挚的情怀和深厚的感情，兼具人文精神和思想智慧。

述往事，思来者。校友们的回忆，承载着先贤们创业的艰辛，记录了几代一中人追求梦想、奋发昂扬、矢志求学、报效祖国的情怀，积淀成了“自强不息、勇于担当、务实创新、追求卓越”的一中精神。这对我们从中汲取营养，不断激励一中青年才俊发奋图强，为母校争光添彩大有裨益。本书付梓之际，我们谨向为母校发展付出辛勤劳动和做出贡献的校友们表示崇高的敬意和真挚的谢意！并向对学校发展建设给予大力支持的各兄弟单位表示衷心的感谢！

是为序。

陶　标

2013年10月20日

目录

夙夜在公,恪尽职守,服务师生,无私奉献

——在玉林市第一中学工作的点滴回忆

1960—1963年高6班　钟伟仁

白驹过隙去,弹指一挥间。我从2003年6月退休,不知不觉已10个年头了。

1989年7月由于组织的信任,任命我担任玉林市第一中学校长,是玉林市第一中学建校以来第20任校长,当时我深感责任重大。重任在肩,为了不辜负党和人民的期望,我下决心夙夜在公,恪尽职守,服务师生,无私奉献。

长江后浪推前浪,每一代人都会在某一个时刻站上历史舞台,挑起重担,奉献自身。我深知,每一个新征程的开启都让人充满期待,为了确保玉林市第一中学教育教学有序开展,我做了以下几件值得回顾的事情。

一是确立学校办学理念。

经过征询教工意见及行政会议讨论,把玉林市第一中学的办学理念定为:每一个学生都是人才,我们的一切努力都是让每一个学

生增长知识和才干；我们的一切服务，都是让每一个学生打下精彩人生的坚实基础。

二是确定学校的校训、校风、教风、学风。

校训：教书育人，任重道远。

校风：团结、严谨、求实、创新。

教风：严实、协作、拼搏、更新。

学风：刻苦、勤奋、友爱、文明。

三是加强学校行政思想建设，努力提高学校行政服务水平。

学校行政要确立服务师生意识，在服务师生中彰显“三种情怀”，转变作风，展示良好形象和先锋特色。

1. 彰显“俯首甘为孺子牛”的亲近学生情怀。学校行政要真正转变观念，真正做学生的热心人、贴心人、服务者、帮扶者，“身”入班级，融入学生之中，与学生交心，与学生谈青春、谈理想、变奋斗、谈成才，真正与学生打成一片；“心”沉基层，融入教工之中，与教工交朋友，与教工定大计、谋发展、谈改革、谈创新，向教工学习，向实践学习，在基层土壤里汲取营养；情暖基层，不摆架子，不做样子，真正给师生送关怀，送温暖。

2. 彰显“春蚕到死丝方尽”的热爱学生情怀。热爱学生，爱护学生是学校行政义不容辞的责任，我们始终要把学生的正确要求作为深入班级的“指南针”，大力弘扬求真务实之风，了解实情，真抓实干；关心学生学习知识，关心学生掌握本领是学校行政重中之重的工作，我们始终要把学生学习知识、掌握本领作为深入班级的“定位器”，大力弘扬调查研究之风，扎实研究，探求良策；学生进步、学生成才是学校行政的最大成功，我们始终要把学生进步成才作为深入班级的“检测仪”，大力弘扬艰苦奋斗之风，团结拼搏，攻坚克难，努力实现“每一个学生都是天才”的口号。

3. 彰显“一枝一叶总关情”的服务学生情怀。深入课堂听课，观摩教学技巧是学校行政最起码的要求，学校行政要认真解决好涉及教学改革、教学创新、提高质量的问题；学校行政还要深入后进班，多关心后进生，细致耐心开展转化后进班、后进生工作，力争各班携手前进，全体学生携手攀登；学校行政更要深入情况复杂、矛盾易发的学生中去，走访摸清各种不稳定因素，排查隐患，消除摩擦，增进团结。“一枝一叶总关情”，于细微处见真诚。

4. 彰显“人一之，我十之”的先锋本色。学校领导班子的意识、能力、服务、奉献是关系学校命运前途的重要因素。火车跑得快，全靠车头带。学校行政要带头转变作风，凡是学校事情，不论大小轻重，都要做到“议必决，决必行，行必果”，既要注重做好工作部署，又要善于推动工作落实。抓住主攻方向，抓住重要领域，抓住重要环节，以实实在在的举措，求实实在在的效果，彰显“人一之，我十之”的先锋本色，扎实推进玉林市第一中学优良校风建设。

四是加强教师队伍建设，努力造就一支师德高尚、业务精湛、结构合理、充满活力的高素质专业教师队伍。

学校是育人基地，教师是学校主力，学生是学校主体，三驾马车并肩前进。为了适合学校教育改革发展的需要，推进我校教育创新，创建广西名校，必须努力加强我校师资队伍建设，提高教学和管理水平及育人能力。

1. 提高职业道德。我们要加强师德师风建设，开展以“学高为师，德高为范，爱生为魂”为内涵的师德教育活动，要求教师做到品格高尚，气质高雅，举止端庄，善解人意，为人师表，率先垂范，积极树立教师良好形象。

2.提高业务水平。教师一定要具有扎实的专业知识和丰富的文化知识，以及一定的科学知识和心理教育知识，这四项知识，如果缺少其中某一项，就成了瘸子，就难以把教育教学工作做得完美。因此，要求教师要努力学习专业知识、文化知识、科学知识、育人知识，全面提高综合素质。

3.提高教学水平。学高为师，德才优秀为名师，只有名师才能出高徒。每一个教师都要高标准奋斗，向名师奋斗，大力打造名师工程。首先要精通教材，夯实基础；其次是创新教法，化繁为简，深入浅出，驾轻就熟，培养兴趣，善于激发学生积极思维，善于引导学生动脑动手，善于培养学生探索精神，努力促进学生“天才”的成长。

4.炼其志，善其法，懂其情，顾其需，努力培养，促进青年教师成长。青年教师精力充沛，上进心强，勤奋好学，充分信任青年教师，大胆放手让青年教师从一年级带到毕业班，同时开展“以老带新，以新促老”拜师传经活动，开展青年教师优质课大赛活动，成功促进了青年教师的成长。

五是积极实施教学改革，推行“四环递进教学法”。

要提高教学质量，必须立足改革，大胆创新，在这方面，我们实施“四环递进教学法”，收到了较好效果。

第一环：根据授课内容和学生实际设计课堂练习。

第二环：教师引导点拨，讲清教学目标、知识要点。

第三环：学生动手做课堂练习。

第四环：教师讲解、归纳、总结、指导学生构建知识框架。

六是关爱后进生，促进学生全面发展。

关心爱护后进生，转化后进生，让后进生重拾信心，跟随大流，一起进步，一起成长是教育最大的成功。对待后进生，我们的措施是“一信、二爱、三不、四关心”。

一信：相信每一个后进生都能成才。

二爱：爱护每一个后进生的自尊心，爱护每一个后进生的个性特长。

三不：不厌弃后进生，不虐待后进生，不刁难后进生。

四关心：关心后进生的思想成长，关心后进生的学习进步，关心后进生的身体健康，关心后进生的前途命运。

时间曾把辉煌留给历史，也把希望带给未来。我在职期间，玉林市第一中学被评为广西“八桂名校”、“广西文明学校”。1997 年高考，应届毕业生 97.31％大专上线，体育、文艺考生 100％大专上线，择校生 83.27％大专上线，也算是给历史一个交代吧。

最后让我以一首诗来概括我内心更多的回忆，更多的纪念，更多的足迹，更多的激动吧：

从教感悟

从教生涯感悟深，立德为先重树人。
三尺讲台炼大志，五更灯火炼精神。
公平正义施善教，敬业爱生乐求真。
临事遵循育大计，但求无过于我心。

钟伟仁：玉林一中 1963 年高 6 班学生，第 20 任校长，在职期间大胆推行教学改革，形成了“四环教学法”，1997 年学校高考取得了很好的成绩。玉林一中被评为“八桂名校”、“广西文明学校”等。

为党忘我工作的张熙和

佚　名

张熙和(1917—1945),化名黄超森,曾用希和、季克、之若等笔名。玉林镇新安村江玄人。

1928年就读鬱林西关小学,1933年春考入鬱林县立初中15班,1936年秋在梧州广西大学附属高中(后改梧州高中)学习。

1937年抗日战争爆发后,熙和积极加入梧州高中学生组织的"读书会""救国话剧社""歌咏合唱队",创办《救亡》文摘杂志,进行抗日救亡宣传。还带领同学深入农村、工厂、军队驻地进行宣传。并在假期组织鬱林籍同学及外县同学在鬱林县城、北市、蒲塘等地开展抗日宣传工作。

1938年,熙和加入中国共产党。同年秋,参加广西学生军。1939年春,受学生军第二团委派,创办团刊《曙光报》,任总编辑。1940年7月任广西学生军团中共党总支委员兼《曙光报》社党支部书记。

1941年8月,学生军解散,经过争取,《曙光报》得以保留,改为面向全社会的报纸。张熙和担任副总编辑，继续办下去。

1942年7月，桂林发生“七·九事件”，中共桂西南工委通知过于显露的共产党员撤走，熙和与杨佩玉（1940年加入中国共产党）借口旅行结婚离南宁回鬱林。不久，国民党政府通缉他的命令到了鬱林，他便前往广州湾（今广东湛江市）南方日报社工作。到报社后不久，通缉他的命令到了广州湾，他只好绕道合浦，经博白回到鬱林。1942年冬，和中共兴业县特支接上组织关系。党组织安排他到浦北县六垠小学任教，秘密从事党的工作，并与杨佩玉、李秀文、李征组成六垠小学党支部，他任支部书记。5月间，考虑到可能暴露了，几个党员迅速撤退。熙和撤到兴业县城隍乡铜罗小学，化名黄超森，以教师为掩护，继续从事党的工作。

1944年9月，中共兴业县特支书记由张熙和接任。10月，中共兴业县委成立，熙和任县委委员。12月下旬，成立兴业县人民抗日自卫军，熙和任政治委员。

1945年3月2日，熙和参加领导桂东南兴业抗日武装起义。3月15日至16日，起义部队在博白双凤、鬱林罗田一带山区，遭国民党军警、民团夹击，熙和不幸被捕。3月17日，在罗田南山岭上被杀害。

黄家桐烈士革命事迹

陈伯林

黄家桐是广西玉林市成均镇通曹村人，出生于1918年8月。1926年在通曹小学读书，1930年考入西安区樟木二小学习，成绩好，是一名优秀生。毕业后因家庭供不起他学习，1936年回通曹小学任教师。1946年在黄国莹组织领导下秘密参加了地下工作。1949年同黄国莹、陈敏仁等十多位同志参加接收伪成均乡政府工作，黄家桐任管理民政要职。1950年农历正月初九晚，土匪组织暴动，与土匪战斗，被匪残酷杀害，牺牲时仅32岁。

家桐年少时生活在一个十多人的中等农家。家庭中有父亲黄庆春，母亲唐氏，兄弟九人，大姐一人。他娶妻梁氏，生有一男一女。他在小学读书时，资质聪灵，个性活泼可爱，从小就有向上的好思想，得到教师重点培养赐教。他虽年少个子小，但学习很勤奋，成绩优良，1930年便考入西安区樟木第二小学学习。那里他在班中是一个优秀的班干，成绩都是在前五名之内。他星期天很少回家，除了自己复习之外，常帮助其他同学学习，团结同学们共同进步。他爱看进步的课外书，和同学们谈前途谈思想，从小就有抱负。1933年在鬱林县国立初中读书时，随着年龄的增长，思想也在不断进步，学习更加勤奋。

1936年家桐同志初中毕业，由于他家已是个数十人的大家庭，生活困难，家庭经济支持不了他继续升学。他回到本村，经亲朋的介绍，在通曹小学任教师。在任教期间，家庭中一切事情全由父亲兄长料理，他除一心一意把书教好外，所余时间便是从事地下革命活动工作。黄国莹同志是他的亲房叔叔，很早就参加了地下工作。他每次回家都到家桐处谈天说地，目的是传播革命思想。黄国莹对黄家桐说："你思想好，易接受革命，我给你一个任务，帮助我做一个地下党宣传员。你在学校工作固定，方便和我们联系，学校内有电话，如有情况你可及时汇报通知我，使工作顺利地开展。另外是给我培训骨干，名堂是'夜读班'，实际是成立同心会，培养同心会会员，宣传革命道理，进行对敌斗争，迎接解放。"家桐毫不犹豫地接受了这个任务，根据黄国莹的布置积极秘密地进行宣传工作，每晚对同心会会员讲课，他根据学生军提出的口号"复兴中华，建设广西！"对会员讲革命道理，大力宣传"国民党必败，共产党必胜"，使同心会会员树立革命必然胜利的信心。

1946年随着革命形势的发展，家桐利用小学教师合法身份积极参加地下革命工作，宣传革命道理，准备迎接鬱林的解放。白天除了做学校工作外，晚上根据局势要求，进行一些文牍工作，深夜了还同会员们漫谈如何开展工作。他在学校工作时村工所也附设在学校内，电话机就安装在他房间隔离，联系很方便。白天伪村公所有什么活动他都知道，他每晚都能把情况及时告知同志们。如果上级有什么情况，他马上用秘密的话告诉黄国莹和陈敏仁同志，使他们及时了解联系，顺利开展活动，防止革命遭受损失。如有一次拳师庞国球在白沙村成立武术馆，地下工作人员谭世清与庞关系较好，他想利用庞的徒弟为地下工作多做一些贡献，要求听从我们的指挥。谭与庞正在商议这件事情。白沙村宁迺琛家是谭的住处，谭与庞谈后，正想在宁迺琛家住宿。这时家桐接到伪乡政府干事黄杰才（同心会会员）来电，得知伪乡长何襄梧派伪警到白沙村抓谭，便立即同黄家桓等几位同志急到白沙村把谭世清转移出来。又有一次，陈敏仁在通曹村开同心会骨干会议，伪乡长何襄梧获得情报后，派人到通曹村来围捕陈敏仁。黄杰才也是用电话通知黄家桐，家桐立刻跑到会场报告，把陈带到义良塘坡安全躲避，使伪警扑了个空。黄家桐就是利用这个电话机为革命活动做出了一次又一次的贡献。

1949年11月30日鬱林城解放了。黄国莹、陈敏仁回到成均报告这个消息，家桐立即通知同心会会员，在黄陈二人领导下，全体会员全部武装起来，由全国明领队，只用一个钟头便解放了成均，把伪成均乡政府和粮仓全部接管了过来。接着新的工作开始了。首先征粮支前工作，所有的同志除了留守人员外，大部分同志都到村里去征粮。家桐同志是管民政工作的，他把工作做得较好，群众满意，领导常表扬他。1949年除夕前接上级指示，各乡干部除少数留守外，其他干部统统集中到鬱林去集训，迎接下一步的工作。家桐身负民政工作，是乡政府留守值勤人员，他工作负责，群众反映较好。1950年农历正月初九日，集训干部陆续回来了。正在重逢高兴的时候，晚上接到上级紧急通知，说土匪组织暴动。黄家桐听到后一点也不害怕，坚守岗位和同志们枕戈待旦。约晚12时土匪真的暴动了，乡政府的同志英勇地和土匪战斗，由于年轻的同志缺乏战斗经验，加上敌众我寡，同志们被迫向外突围。当时黄家桐看陈亦平、龙林等同志尚未冲出来，为了救她们，家桐同志冒着枪林弹雨，不顾危险，手拿短枪，冲回乡政府寻找她们。经过激烈的战斗，在敌人包围下，天明时，我们的几位年轻同志被土匪抓住了，并被押到马蚁岭头残酷杀害了。当时群众只听到高呼“共产党万岁！毛泽东主席万岁！”的不断余音。家桐同志就这样光荣地牺牲了。

黄家桐烈士永垂不朽！

缅怀革命烈士陈孔阶

陈孔文

革命烈士陈孔阶，1949年11月参加革命，1950年2月中旬(农历正月初九)于鬱林县船埠乡土匪暴乱的战斗中光荣牺牲。

陈孔阶1936年出生在鬱林市新桥镇田横村的一个农民家里。全家五口人：父母、他和两个弟弟。他父亲在1938年被国民党征兵当兵至解放，全家就靠其母亲张罗，带领几个儿子辛勤地耕耘，过着清苦的生活。

陈孔阶少年时代爱读书。他依靠宗族的奖学金(当时的宗祠钱、正尝钱)、祖父亲戚的资助，1947年在鬱林县国立初中毕业后，便回乡跟母亲种田谋生了。

1946年盛夏的一个星期六，陈孔阶从鬱林县国立初中回家要膳费。下午3时，他来到了群山环绕、松林茂密、四周离村远的田横村、辛仓村和富寨村的交界处——高碑志的交叉路口，突然，他听到路旁的山窝里传出男人的威胁声和女人的求饶声：“快脱衣……”“请两位大哥饶饶吧！”陈孔阶赶忙悄悄地匍匐上路旁的高处往山窝里探头一望:旁边里停放着两只篷单(竹蔑编成的小箩)担,一个中年男子正拿着女人进村带礼物的箩格(竹蔑编成的供走亲戚时盛礼物的有盖的竹器),他打开盖子,贪梦地拿着箩格里面的一块块的四方粉糕狼吞虎咽着。另一个中年男子一只手拉着那个女人的手,另一只手拽住女人身上的衣服要扯。那个女人一面求饶,一面用手猛推那个男子。原来是两个挑海味的运贩"色狼",借着这个高碑志四周离村远、只有漫山遍野的松树林,地处荒凉,要强奸这位走亲戚路过这里的青年妇女。

这时,陈孔阶想解救这个妇女。但是,怎样才能解救呢?打吗,孤身一人,手无寸铁,又没习过武,赤手空拳跟他们拼,那还不是鸡蛋碰石头,不堪一击?赶快跑回家找人来?这里离家还有三里路,会完全错过时间,不现实。他急中生智,用"以毒攻毒"的办法去解救。

只见他迅速走上路边的高处,用两只手腕围拢在嘴边,冲着西边的岭冲放开嗓子高喊:"做工、放牛的三伯、四叔、五叔、七叔们!七方利的贼伙又来这里抢路了,快赶牛回家去!"接着,他就装着急速逃走的样子,经过两只"色狼"要强奸这位妇女最近的路边时,他又朝他们大喊:"叔叔们,阿姨们!七方利贼伙又来抢路了,快逃跑吧!"喊罢,他便气喘吁吁地往家里方向跑。这里,恰巧横江塘和野鸭塘分别响起了两响猎人打鸟的火药枪声,更使这两只"色狼"信以为真,于是,他们马上放脱了这位青年妇女,挑起自己值钱的海味担往东逃走了。那个青年妇女安然地脱险了,也随即往西方向走去。陈孔阶学生时代就智救了农妇。

1949 年冬,广西解放了。很多青年受国民党散布的谣言影响,左右彷徨,对参加革命工作还不十分坚决。而陈孔阶与别的青年截然不同。家乡刚解放，他就毅然参加了鬱林县船埠乡人民政府武装队的工作。

陈孔阶从参加革命工作那一天起，就全心全意地为党工作。他主动提出到乡村去征粮。那时候，征粮是件不容易做的事，玉林地区刚解放两个月，农村基层组织还没有健全，下到农村，人地两生。征粮，要做土地的调查、登记作为征粮的依据，白天辛苦了，晚上还要结好账以及统计各村应征粮的人口、土地及制好征粮表。他天天为革命积极工作。

一天，他母亲的黄病又复发了，他弟弟到乡里叫他请假回去看望，他说："征粮工作这样繁忙，我怎能离开这里呢？"他只是给些钱让弟弟拿回去，请医生给母亲治病。

节假日，他总是主动顶班留守，让他人回家团聚。

1950年农历正月初九，那是他唯一的孩子的挂灯日，他老早就吩咐家里的父母亲和妻子，说他不回来，他不能离开工作岗位。

鬱林县人民政府及其所辖的各乡人民政府成立后，随着革命工作的开展，农村地主阶级和城市官僚资产阶级不甘心灭亡，他们勾结国民党反动派潜伏下来的残余势力，网罗地方的土匪头头，煽动觉悟不高、不明真相的农民参加土匪组织，密谋于1950年农历正月初九晚上对我县的船埠乡、城均乡、樟木乡等乡镇的人民政府进行攻打，妄图颠复新生的政权。

那天中午，从新桥通往船埠至福绵的这条公路上，汽车还在安然地正常行驶着，走亲访友的行人还在自由自在地来往。

下午3时，公路上没有汽车行驶了，行人也少了，通往船埠圩的大大小小的道路都有土匪守卡了。不准通行了。

下午5时，船埠圩少人行走了。大街小巷不时听到窃窃私语：

“土匪包围船埠了。”此时，船埠圩的人和船埠乡人民政府的革命同志意识到：一场反击土匪暴乱的战斗即将来临。这时除早上外出或有事请假的三个同志外，在场的几十个同志下定决心，团结一致，与土匪决战。

大约下午6时，土匪进攻了，土匪冲进了船埠街。大约6时30分，土匪包围了乡政府。政府里面的30多个同志一齐向土匪狠狠地射击。粉碎了土匪一次次的进攻，子弹打完了，就用石头掷土匪。土匪几次威逼利诱他们出来投降，可是，没有一个同志放下武器，始终坚持与土匪战斗。

由于匪多我少，革命队伍里的同志又没有一个是经过人民解放军正规部队里训练过的，在弹药用尽，又得不到增援的情况下，乡政府在深夜里被土匪用火攻、烧毁大门的方式攻陷了。土匪杀害了乡政府的几十个革命同志，被杀的惨状真是惨不忍睹。

时过两天后，革命家属去收尸，唯有陈孔阶尸首不见。土匪对陈孔阶同志最残忍，竟然毁尸灭迹！因陈孔阶对土匪最恨，土匪便对他最狠，因而杀人毁尸。

陈孔阶永垂不朽！

我是带领解放军进入鬱林城的“小鬼”

鬱林县国民中学第13班 黄代贞(伯川)

1949年11月28日,是我一生中最难忘的日子。因为这一天,是我亲自给解放军带路,进入鬱林县城,从而走上革命道路的光荣日子。每当想起这一天的时候,我就心潮翻滚,思绪万千,久久难以忘怀!最近,母校玉林一中约我写点回忆录,我就把64年前亲历的这件事写出来,与校友共享了。

一、走上革命路

我叫黄伯川,解放前叫黄代贞,1927年生。家住鬱林县船埠乡辛仓水车村,父亲叫黄惠安。家有兄姐七人。1944至1949年,我在鬱林县国民中学(国中13班)毕业后正在鬱林高中读书,由于家中人口多,再加上母亲去世早,生活比较困难,全靠氏族宗祠给些学资资助,才能勉强维持读书费用。1949年我在省鬱高15班读书时,结识了不少同学,其中以东明村梁秉枋同学最为要好,我俩亲如兄弟,平时他在生活上关心我,从思想上帮助我,时常有意把《新民主主义论》等书籍留在我床上,让我在他不在宿舍时翻阅。1949年11月这段日子，鬱林城区时局极度混乱，人心浮动，鬱林县城商店关门，学校停课，金元券满天飞，做什么都用银元、谷米、铜仙做交易，听说解放军就要从容县、北流打过来了。此时，梁秉枋吩咐我，要我不要到处乱走，最好在火柴厂或上东校（现东成小学东侧）两处活动，我有事好找你。11 月 28 日晚，我正在原牛墟肚火柴厂宿舍五兄家过夜（五兄叫黄秀山，当时在辛仓人做老板的鬱林火柴厂做工，火柴厂在原橡胶厂，现东井巷中段）。晚上 10 时左右，有群年轻人，穿着蓝色便服，身上带着武器，对人态度和善，讲一口北方话。这群人进了火柴厂宿舍后，有的洗锅煮饭，有的在商量事情。我感到很奇怪，就远远地站在那里观察，从观察中看到他们的行动很规矩，很守纪律，不像是坏人，心想他们可能是共产党解放军的先头部队。由于这群人态度和善，我就慢慢地向他们靠近，并与他们交谈，从谈话中知道他们果然是解放军，他们问我城里是否有国民党军队把守，我说国民党军队早就撤出县城了。此时，他们急于要我替他们找一张鬱林县地图。因为我平时常到校长办公室，王贞鹭校长又是教地理的，于是，我就大着胆子对他们说：“我们学校办公室里有这样一张地图。”说完，他们中有五个人就立刻叫我带他们赶到省鬱高校内。此时校园静悄悄的，我们直奔钟楼东头地下王贞鹭校长办公室，到了办公室门口一看，门关窗闭进不去，推门门不开。他们便在外警戒，我只好撬开窗门，从窗台爬进办公室，紧接着把办公室的门打开，让这群人走进办公室，然后我踏上办公室椅子，从墙上把那张地图（手工绘制地图）取了下来，交给了他们。他们为首一个接过这张地图，高兴地拍着我的肩膀，举起大姆指说：“小鬼（北方人对青少年男性的统称，加上我身材瘦小，称‘小鬼’也恰当），你真有办法，谢谢你！”这时我们赶快把办公室门窗关上，大家高兴地赶回火柴厂宿舍。吃了早饭后，其中一位首长对我说："小鬼！天一亮，我们解放军队伍就要进城，你给我们带路好吗？"我点头答应了，没过多久，天开始亮了！那位首长拉着我的手说："小鬼！出发了！"于是我走在队伍前面带路，从火柴厂出发，沿着鬱北公路往西行，经宁屋角时，我回头一看，长长的队伍看不到尽头，前面的队伍撑着红旗走。我行在大路上，心里很高兴！队伍经过宁屋角、罗活公馆、小三元饭店、木栅铺一路没有阻挠，直达回龙桥附近。队伍所到之处，远远围了些人群观看，相互小声谈笑。到了回龙桥附近，这时那位首长拿出那张"鬱林地图"问我："小鬼！去贵县、博白往哪个方向走？"我用手势向他们指明了方向，给了他们具体的回答，那首长很满意，轻拍着我的肩膀，很客气地对我说："小鬼！你很勇敢！你的任务完成了，我们懂路了，可以自己走了，你回家去吧！免得家里人找你。"首长摆了摆手，朝着我说："小鬼！再见！"这时我朝着他们笑了笑，并举起手，说了声："再见！"此次带路，部队首长一直没有问我的姓名，我也认为没有必要。

跟部队分手后，我就立刻赶回上东校宿舍。这时，我已发现有解放军在城内活动。

我回到上东校（上东明小学）宿舍，刚喘过气，梁秉枋就跑来找我，他一入门就说："代贞！你想工作吗？"我说："想！"秉枋同学说："那你就跟我去报到！"于是我就紧跟着梁秉枋一路小跑，很快就跑到国民党鬱林县党部所在地（即现在玉州区总工会附近）。这时梁秉枋叫我在中厅等他，说他替我去办理报名手续。我在中厅等梁秉枋同学时，看见一位解放军首长在给一群青年人演讲（我参军后才知道这位首长是解放军四野部队43军宣传部长沙旅），正是这个大人物的讲话，打开了我的视野，我觉得他的讲话很新鲜，很有道理，听后心里十分高兴。这时梁秉枋同学给我带来了好消息，他对我说：“组织同意你参加鬱林县粮秣供应站工作，我给你报了名。目前，你先在附近宗祠找些房间作为粮草仓库，过几天就搬到电灯厂附近的会堂办公，你的任务是给过往解放军办理领粮、称粮工作，保证解放军粮食供应。我按梁秉枋的吩咐，向供应站负责管理人冯朝考(国民中学第8班毕业)报到后开始工作。从此(1949年11月起)我就开始投身鬱林县支前工作了。

在粮秣供应站(12月7日改为支前司令部)，我办了以下几件事：1. 给过往解放军签发粮草供应条；2. 带人民政府负责人到上东校接收缴获的武器；3. 带人民政府秘书长庞弘到旧政府接收、布置办公室；4. 带一辆汽车(烧木炭的)到船埠购买汽油；5. 给牺牲的解放军战士签发棺木供应条等。

鬱林解放的第七天(1949年12月6日)，43军政治部贴出告示：“为加速军队建设，计划最近在鬱林县招收一批国防军青年干部学员。”为参军，避免家人从部队追回，我改名为黄伯川报名，支前司令部领导批准我去报名考试。后经过考试、体检、审查，43军政治部正式公布，录取我参加人民解放军。这时梁秉枋同学也赶来找我，希望我一方面安心做好支前工作，入部队后也要好好干，我点了点头。政治部按原计划正式通知我，编入宣传队三分队七小队，我任七小队的班长，副班长是庞若斯(新桥人)。12月23日夜先在宾兴馆集中，12月24日早晨，随43军部队向广东省赤坎进发，连续行军六天，在1950年元旦前，赶到广东赤坎43军青年干校校营地。入伍后我暗下决心：一定刻苦学习，把自己磨炼成一个合格的解放军战士！

二、反思与遗憾

参军后，我觉得从1949年11月28日至12月24日，是我改变人生的关键日子，既平凡又超乎寻常，一直是老同学梁秉枋在左右着我的行动，他究竟是个什么样的人物？我曾有过猜想：他是中共在省鬱高的地下活动分子，负责迎接解放军入城做准备工作。于是，他物色我这个普通外围人士参与（好在当天带路行动顺利）；之后，他又介绍我参加支前工作；我参军前，他又给我重托。梁秉枋实际就是我的大恩人，他的真实身份从没有向我暴露过。1955 年我首次从部队回乡探亲，我就直接去到梁秉枋老同学的老家。一问，才知道他在新中国成立后任罗田乡人民政府工作人员，于 1950 年 2 月，在樟木乡新华村遭土匪围攻，为接通被土匪剪断的电话线，在爬上电线杆时被土匪击中，光荣牺牲，被追认为革命烈士。由此，我的猜想变成了一个谜，一切不得而知。

现在回想起来，有诸多遗憾：当年我给解放军带路前后之事只有梁秉枋及解放军有关人员知道（也不知道梁秉枋是否向其他人说及我的事情）；我带领的那个部队是从鬱林城北外穿过，可能是直驱博白的部队；之后，直接进入鬱林城接管解放的，又是另一支部队。作为一个普通人，是不可能知道部队的行动及其番号的。这些人们信不信现在都很难得到证实。但我带解放军到省鬱高找到鬱林地图并带路至回龙桥，是我的亲身经历。我参军后在 1970 年转业回玉林工作至 1988 年离休（享受"睦南关解放"待遇），对这段经历，我一直没有向人说及，也无人问津，便想把它"尘封"起来。最近，玉林一中筹备九十周年大庆，校庆筹建处的几位老师要我写点回忆录。起初我还反应不过来，我与一中无关系，写什么回忆录。通过他们解释，我才知道，我在鬱林国中读书，国中是玉林一中的前身，我也就是一中的老校友了。一中的校庆是 11 月 30 日，是为纪念、庆祝鬱林解放而定的纪念日，在玉林是唯一的，而我本人又为玉林的解放及母校的校庆定名，做了一件实实在在的有历史意义的事，这是值得欣慰与骄傲的。从母校毕业后，我没有辜负母校对我的养育之恩。作为向母校的汇报，特写下这些文字，并以此慰藉梁秉枋烈士。

三、入伍后简历

1950年3至8月，在青年干校军训学习6个月后毕业。校长是潘丙福。

1950年9月，被分配到四十三军司令部作战科，任测绘员。工作中创造了小孔放大器，进行绘图作业，提高了绘图质量和绘图速度，获得领导的赞扬和测绘参谋的好评。

1952年，调至四十三军后勤部的卫生干部训练队工作，任"高中实用化学"教员。由于工作努力，成绩显著，军区给予我"全军通令嘉奖"。

1954年，调至四十三军第四十速成中学任化学教员。1955年6月，大会公布我被评为正排级军官，少尉军衔。一年后又评为中尉副连级。

1955至1956年，海南军区政治部，通知我去驻地集中的0148部队，到二支队报到。按要求积极开展群众性的科学普及教育活动，推动部队在五指山腹地，搞好国防坑道建设工程，并掀起技术革新革命运动。

我在二支队党委领导下，先选择部分机关干部和士兵，组成了科普活动小组，培养了二十五名连队宣传骨干，选择有关原子能、火箭、导弹等尖端科学资料，利用图片、模型、讲课等形式，在全支队官兵中，巡回宣传讲授，并结合部队施工的需要，编写了一些通俗的基础科学知识教材。

实验证明："科学普及教育，有力促进了部队技术革新运动！"二支队的广大官兵，学习了与施工技术有关的基础科学知识，进一步破除了迷信和自卑感后，增强了信心，热火朝天地大闹技术革新。过去把石渣装进车内是用笨重的铁铲，速度慢，学了“物体接触面积大，阻力也大”的原理以后，班长王川就将老铁铲制成铁叉铲，减小了工具跟石渣的接触面，使用起来既轻巧又省力。二连学了“水深压力大”的原理后，马上找到了本连土水箱效率不高的原因，就立刻设计了一个新高压水箱，解决了施工中的一项技术难题。二支队“领导、技术人员、战士”三结合，制成了一部“钻岩机自动推进器”，过去要2至3人掌握一部钻岩机，现在一个人就可以掌握两部机，而且速度比人工快一倍。许多施工官兵听了科普课后，经过讨论，发现以往施工，由于不懂科学，白费了不少力气。如过去推车，由于不懂力学原理，总是从45度角用力，这就增加了摩擦力，费力大，现在推车改为用力与轨道平行，又快又省力。有一个施工连，听了科普课后，当天下午，就提出了三十多项革新项目。目前全支队已出现了“学科学·用科学”的新风气。

我们科普教育小组，在进行科普教育的同时，组织先行单位提出的技术更新、发明创造，以及科学教育的经验，带到其他单位去传播、推广。例如，一分队创造的十字钎工作效率高，一分队铁工组，既是科学知识的传播者又是先进经验的推广者。因此，这个科普教育活动，就受到部队广大官兵的欢迎！这个消息，《解放军报》在头版头条新闻进行了报道，这在全国也影响深远，同时对部队官兵鼓舞很大！

1956年5月，我被评为“出席广州军区国防建设积极分子代表大会”，受全军通令嘉奖，下半年评为上尉正连级干部。

1961年，我所在的部队单位改制为军区南岛中学，我任化学教师，工资享受高套一级，调为大尉副营级。

1964至1965年，我先后带职带薪入海南师专和华南师院本科进修，结业后仍回军区南岛中学工作。

1969年，“文化大革命”的前期，军区通知：海南军区南岛中学停办，学校员工集中到海南枫木干校等候转业安排。

1971年，由组织联系，我转业回到广西玉林教育局属下单位新桥高中任高中化学教师兼理化科组长。由于任职期间教学成绩突出，两年均评选出席玉林县复退军人代表会议。

1978年9月，调玉林县教育局教研室任化学教研教研员兼理化科组长。后又由教育局抽调参加玉林县农业生产责任制工作组，去沙圹公社永兴大队搞农业生产责任制落实试点工作组。试点期间由于工作积极，深入农户抓思想工作，落实农村政策，蹲点一年结束时，我被评为县工作队试点“抓农业生产责任制先进工作队员”称号。

我在教育局任职期间，由于注意深入各学校化学教学实际，个人研制出两个先进教具：“化学多功能速查尺”和“化学反应式转卡”。这两个教具应用于教学实践，很受学生教师的欢迎。前者被评为自治区创造发明优秀奖；后者被评为地区创造发明一等奖。

1987年，我被评为中学高级教师职称。

1988年，离休，教局通知，我被评为副处级，享受“睦南关解放”待遇。

谢荣方根据黄伯川提供材料整理

注：据1993年版《玉林市志》1257页史料载：“解放军43军129师于1949年11月28日22时，先头部队已进入鬱林”；“128师于29

日晨进占鬱林，并于当日夜直趋博白城。”估计，黄代贞是为129师带路，经鬱林城北外直驱博白城，128师稍后进占鬱林城接管，也于29晚直趋博白城。

黄伯川：1944年鬱林县国民中学13班初中生，1949年升鬱林高中。在鬱高时，鬱林解放，他是带路的“红小鬼”。1949年参军，1970年转业曾任过高中化学老师，1978年调玉林县室教研员。1988年在教育局退休，享受“睦南关解放”待遇。

忆往昔

鬱林县第一初中13班　文　俊

1946年8月我考入鬱林县第一初级中学，当时，我的祖父、祖母，我的父亲、母亲都很高兴，大家忙于为我筹备入学的学费、开学用品以及每个月的伙食费，因此很快就能按时入学。跟着就是开课，一看课程表排满一周的科目，语文、算术、物理、化学、英语、地理、历史，还有音乐、图画、农业、体育、童子军训练等，比起小学的学习项目多了很多，如何学得好啊，心想硬读、死记都有一定的困难。开学一个月后，感觉学习压力很大，晚上睡不好，心情有些慌乱，因为住宿在学校，本想星期日回家一次，想到下星期的讲课中要进行测验考试，就暂时放弃回家的念头，以便利用星期日的时间复习功课和作业练习。一连四个星期过去了，结果学习效果不理想，如此下去怎能跟得上讲课的进度？静下来想一想，我已经下了很大的功夫，保证很多的时间投入去学习了，为何成绩还如此？回想这次能考上初中，是一个难得的学习机会，每年以知识分子的身份参加我们祖先文天祥丞相祠祭祖活动，感到是一种荣幸。读好书是家庭的希望，这是当时支配我学习的思想（当时是旧社会，我没有正确的政治观点，就没有想到学习是为国家，学习是为人民），因此我又鼓起了勇气，暗下决心，刻苦学习，检查学习的方法，改变过去死读书、死记忆的做法，采用科学的学习方法。认识到学习的主导是自己，指引方向是老师，在每次上课时，就集中注意力，听老师的讲授和分析，做好课堂笔记，下课后对每一门课程划分哪些内容是主要的哪些内容是一般的，凡是主要性的内容及其应用的范围一定要记住，例如数学的计算公式及其运算的方法，物理的定律，动力学原理，化学的联系，英语课要记单词及其拼音，要朗读英语课本文章，每一篇文章中应有许多单词及各种名词条。按这个方法学习了一段时间之后，对课程的消化吸收有了体会。另外在课余的时间又要有计划安排。重视自修，对每天讲授的内容，一定在当晚自修中复习，如有疑问立即记录，以便请老师提出解释；不怕困难，不爱面子，不懂就是不懂，虚心学习，以诚恳的态度请教老师，结果均得到老师解答和分析，因此在学习上有了兴趣。

另外又发现自己易忘，即读过之后容易忘记，课程内容记不牢，因此我又制订了巩固强化学习的措施。在掌握课程的要点之后又希望巩固记忆，这就要求自己耐心和有坚强的意志，坚持经常反复学习，例如数学把计算的公式进行多次的运算和应用，综合分析，重复操作，加深印象，就记得牢固，甚至熟能生巧。

我的家庭在农村，父母亲以种田为业，家庭经济状况比较困难，每个学期要替我交学费、杂费、书费，每个月要交我的伙食费，就已经负担很重了。为了支持我的学习，父母亲就努力工作，加班加点在田间劳动，千方百计增加收入，因此我也很节俭，生活很朴素。我这一生能读初中，继续上高中，读大学，又在广西医科大学任教，算是很幸运的了。我除了要感谢我的家庭之外，还要感谢我的母校玉林一中对我的起点教育和培养，感谢我的好老师们日日夜夜对我的指导。

文俊：1946年考入鬱林县国立中学国13班，1952年以优异成绩考入广西医学院医疗系，毕业后任医学院麻醉科主任医师。先后担任麻醉科主任、讲师、副教授、主任医师。从20世纪60年代开始，就致力于麻醉技术的研究，被人称为“麻醉大师”。1993年国务院授予“有突出贡献专家”称号，并获特殊津贴。

我所知道的县立职业学校

职校第1班　文　杰

鬱林县立职业学校创建于民国三十三年(1944)秋,据说起初是有人在伪县历史参议会提议,讨论通过后,经伪县长高钖攀批准拨公款成立的。因经费困难,每年只招收一班。招生简章写明:学生可享受半公费待遇,每班每学期成绩平均在75分以上,操行品德在乙等以上,家境清贫的,加上助学金,毕业后可终生免服兵役。第一班招60名,入学考试时借用伪县临时参议会做试场。取录新生中,有几名是曾在其他中学肄业,可能是因为家境困难和怕服兵役的缘故吧。

新校舍在市西郊一公里多的玉贵公路西望桥头右侧,原是江岸村清湾江边的"二王园"(是盛产荔枝、蟠桃、柑、橙的大果园),即现在市一中校址。当时只建了近江边一幢工场楼房的底层,校区遍地泥泞,可说是还没有校舍,只得借用隔江对岸的"观文阁"(原为伪县民团干部训练班)做临时校舍。这里只有一间教室及男生与教职员宿舍,茅草屋顶,篱竹糊泥巴做墙壁,篱笆爬牵牛藤做围墙,观文阁厅堂做校办公室和厨房，戏台是仓库及校工员警宿舍，小河边是厕所及乒乓球室，中间是球场。简陋得像间边远山区的小学一样。

首任校长杨明昭，广东番禺人，江苏南通纺织工学院毕业，曾任桂林市纺织厂工程师，据说是陈础兴介绍他来玉林的。织染科主任陈础兴，玉林樟木白地村人，江苏南通纺织工学院毕业，曾在本市大新村办“象豪织染厂”。教导主任黄世义，玉林新桥金鸡垌人，江苏南通纺织工学院毕业，曾在金鸡垌办“四美织染厂”。事务主任陈业提，玉林玉豸大村人，广西省立甲种工业学校毕业。

当时只设织染科。担任各种课程的老师如下：纺纱学杨明昭，漂染学陈础兴，织造学陈业提。国文张芝泰，博白人，西大经济系毕业。英语陈鼒鼎，广州人，岭南大学毕业。庶务苏厚光，江岸人。会计陈××，新村人，陈渭琮女儿。书记兼管理员陈寿惠、覃昌璇二人。实习设备只有湘式纺纱机一台，A型江苏式梳棉机一台，整经架一台，手摇浆染锅一台，设备简陋落后。

第一班是1944年秋农历七月初开学，开学不到三个月，因日本侵略军从桂平窜下鬱林高峰、沙塘、蒲塘、北市、小平山一带骚扰，鬱林城区形势突告吃紧，城乡人民紧急疏散，职校被逼停课。当时鬱林市地处偏僻，消息不灵通，后来才知道是德、意两轴心国已被美、苏、英等联军打败了，只剩下日本，中、英、美、苏四国联盟早已开辟了太平洋战场，紧缩对日军的包围圈，日军这时是从广西各地集结，向广东沿海溃退，于是不久玉林地区形势就逐渐安定了。职校于10月20日又恢复上课，后来，每年就定10月20日为校庆纪念日。

1945年春，第一班进入第二学期，二王园新校舍虽已多了两三幢，但已住满了美军，无法搬进新校舍上课，只好仍在观文阁上课。因抗日战争接近尾声，形势大为好转，我校教职员人事大有变动，杨明昭、陈础兴、张芝泰、陈鼐鼎、苏厚光、陈××会计等均已外调。校长由李伟祐接任，兼授英语、化学；漂染学黄世义；织染科主任封尚仪，容县人，江苏南通纺织工学院毕业；织造整经学陈业提；国文文陟才，鬱林大新村人，西大政治系毕业；数理唐选青；组员李伟富；会计林明英；书记钟孝东。

1945年秋，第一班进第三学期，新招收第二班，美军已撤离新校舍，职校由观文阁迁过对河新校舍。迁置了几十台半自动铁木织布机，两台半自动打纬管机，更新了一台忘革式染布锅，增加了一批实习检验仪器，机具陆续摆满织染实习工场，从而初具规模。办公厅与一二班教室在第一幢楼，前面是操场，面向公路，左右两侧是清湾江，环境安静幽美，学生宿舍在织机工场楼上，女生宿舍与教职员工宿舍在织机工场右边，后面是茅蓬盖的食堂，织机工场后面是漂染工场。

这学期中途，文陟才又调走了，国文由陈宗蕃接授，他是鬱林南门口人，西大毕业；增加李伟猷授英语、化学；苏锡中授图案学；陶召熊授体育；杨钜长任童军管理员；会计牟建焜；组员卢钧；导工唐信惠、韦庆成等；庞洪授教图画、音乐。

8月15日，日本无条件投降。9月3日，全国人民欢庆抗战胜利，职校一二班学生也踊跃参加了鬱林城区的庆祝胜利大会和环城提灯游行晚会。

1946年春，第一班是第四学期，第二班是第二学期。这学期刚开学就宣布取消半公费，一律收全费。当时物价上涨，学杂费相当于150斤大米的价钱，职校大多数是城乡穷苦学生，家庭负担不起，许多被逼申请休学或退学。缴费注册上课后，两班学生合共只剩70多人，并且改为每班只准有三个家境清贫、学行兼优的奖学金名额。

1946年秋，新招收第三班。增加胡耀辉为第三班国文教师，导工廖明祯。开学后不久，职校接到广西省善后救济物资总署通知，全校师生员工一律发给救济物品。学生部分，每人发给美国军用黄斜卡基长裤两条，汤粉20盒，猎肉黄豆罐头10罐，泰国大米90斤。经过学生自治会及全校学生开会讨论，选出教职员代表陈业提，学生代表邓康明，同往湛江市救济总署领回。运回两个汽车，双方再选派代表，进行监督排队分配，如数发到各人手上，并规定大米一律在校内开饭，不准变卖，不准领回家。体现了学生有一定的民主权利。

这学期，还利用了自织自染的实习布，按原成本计价，每个学生缝了一套童军服，比其他中学的便宜三分之一价钱。这学期中，原第一班休学的，转入第二班复学；原第二班休学的，转入第三班复学。

1947年春，第一班是第六学期，即毕业班只有13人；第二班是第四学期，41人；第三班是第二学期，58人；全校学生共112人。这学期，广西省善后救济总署又通知，分配给职校100包救济棉纱，以工代账。学生自治会选出代表，参加校方组织的“纺织生产合作社”，讨论几次，终因校方操纵管理掌握权力与主要名额太多，学生代表不肯屈服让步。结果学生代表全部退席，办不成合作社，后来由校方及政府代表决定，11条棉纱发给附近农民织布，从中渔利。

文杰：鬱林县立职业学校第一班学生，自入学至毕业一直做班长，现为个体手工业者。

职校的逸忆

鬱林县职校2班 苏锡骊

一、织染实习课

抗日战争接近胜利，国民党为了振兴工业，号召全国建设各类职业学校。当时的鬱林政府也响应号召，结合县情况，当时新定村织业发达，庆丰染布兴旺，县议长苏范卿便介绍了本村三面环水的二王园为校址，说是织染学校，用水方便。于1944年夏，鬱林县职业学校在江岸村二王园建立了。中专性质，织、染两科是专业课，数、理、化英语为普通课，不设史、地课。织、染科老师工资比普通科老师高。

学生除在课堂上学织染理论外，尚有实习课。染的实习是每人用一只较大的烧杯，一盏酒精灯，实习时，每人发一块小白布，染料、配料、用水量，要煮烧多久，先由老师讲明，然后各人操作，把染布取出后，晾干做标本。记上染料、配料、用水量及烧煮时间的数据，以便以后实用。织的学习是在现场由老师讲明织机的操作法，以及怎样织各类布、各色布。

学生在清江环绕、绿树浓荫、蝉鸣鸟唱的环境中学习，有清江畅游，有凉风习习的树荫看书，有蝉鸣催午睡，有鸟儿歌唱，学习生活颇为愉快。特别园里有只报晨鸟，它“呱呱”地一叫，天亮了，打钟者常常听到这只鸟叫声就打起床钟，不差分毫。

二、多趣的美国兵

民国三十三年(1944)秋间，日寇大举入侵广西，敌骑曾窜犯我县北境。为了阻止敌寇进攻，贵、兴、鬱公路曾遭破坏，鬱林遂成孤岛。民国三十四年(1945)夏天，为准备向日寇进攻，又于6月27日动员抢修贵、兴、鬱路，并要求翌日(28日)通车。此时，有一批帮助中国抗日的美国兵过境，其中就有六七十个进驻过职校。

这些美国兵口讲洋文，穿着美军服装，开着大卡车，样子显得高大威武。但他们对人很讲礼貌，开车过处，如果碰到了摆摊于路的中国人的摊位，会马上叫停车辆，并下车赔礼道歉。公路到职校，隔着一条江，十轮车无法过去，美国兵就用木条，横竖交错编在一起，十轮车遂得通过。他们对待小孩，也较友好，常用半通不通的中国话喊：“快过来玩！”弄得小孩哈哈大笑。

他们每天吃五餐，常杀牛杀鸡。杀牛很特别，用大铁锤一锤打中两角之间的牛头，牛立即倒下，再打两锤，牛死了，立即割颈，不要牛血。杀鸡是把鸡颈垫在荔枝木上，一刀斩去，鸡颈与内脏丢在一边，拔毛即得。我听说美军还带有几只大象，可惜不在职校。后来听说是放在三中操场，群众观者络绎不绝。我可惜不得见这场面。

苏锡骊：1944年职校第2班学生，后在玉林一中退休。

雏鸟初飞

——打开尘封的记忆

鬱林县立初中29班　黄　励

1945年秋，11岁的我带着柔弱之身、一腔愁痕走进鬱林县立初级一中学，似一只受伤的雏鸟，在小鸟的天堂中呼吸新鲜空气，汲取大自然的营养，滋润心灵，开发智慧，在辛勤的园丁呵护下，成长双翅，学会初飞。

恩师难忘

在县中，有两位老师最令我难忘。杨熙岱曾经是我们的班主任，教语文，是一位博学多才、擅长古文的老师，除了课堂上精彩的讲解，晚上自修课还常常教我们吟咏诗词。深入浅出、生动活泼的教授，令人置身于诗情画意之中。杨老师的教学增加了我的文学兴趣，培育了我的文学情操，对我的心理素质与文学素质产生了深远影响，让我终身受益。在初中，我就练习编过两幕话剧并参与演出。杨老师和师母无儿无女，对成绩较佳的我，更多了一份疼爱，到他家里，能享受到师爱与父爱的温暖。初中毕业后，我在鬱高读书时参加了地下革命活动，解放后一直在基层忙于工作，直到退休后才想起要寻觅恩师，谁知他解放后灾难重重，并已在异地逝世多年，无缘再见，只留下深深的遗憾！

另一个是唐裕德老师，也曾是我们的班主任，要求我们练书法，每周交一篇，教生理卫生，讲课认真，性情严肃，对纪律近乎苛求，人人皆畏之。听说有一晚，下自修后我们班男生宿舍不按时关灯休息，有些男同学还在嬉笑打闹，唐老师悄悄来到，命令全体学生立即到走廊集合，大多穿着内衣短裤，适逢寒冬季节，大家冻得瑟瑟发抖，唐老师仍训话20分钟之久。经过这次袭击，同学们对于纪律，已是一生难忘。此严师也！

友谊情深

在同学中，我年龄小，身体弱，学习勤奋，有几分清秀，又兼多愁善感，年长的同学姐姐，多怀着爱怜之心把我当妹妹照顾。最亲切的是陈宪书同学，她个子大，性情温和，乐于助人。每逢学期开学和放假，我无力搬动铺盖，都是她帮忙，平时有小毛病，常常关照我。便是女孩子特殊的事也是宪书姐手把手教会的。毕业后我们都上了鬱高，一起参加地下革命组织。鬱林解放后下乡征粮支援海南岛解放，1950年2月鬱林发生土匪大暴乱，她在仁东乡惨遭反革命杀害，壮烈牺牲，时年19岁。她的音容笑貌，永远镌刻在我心中。

还有唐忠怀、陈婉君、万月梅、龙伟、杨学铭等都是要好的同学。唐忠怀大学毕业后在上海医学院是耳鼻喉专家，1980年冬我患重病，在玉林县医院发了病危通知时，是忠怀叫我爱人立即把我送往上海，由于他多方奔走，找专家复诊，纠正了误诊，使我得到及时救治，捡回了半条命。那时，我身体极度衰弱，发生昏厥，又不敢吃补品，情绪很低落。忠怀不辞劳苦，炖了鸡汤，从20里外骑自行车送来，做我的思想工作，看着我吃了才离去。有时下班路上买到生鱼（止血补血）就立即往医院送，再没有时间返家吃饭，就啃几块饼干赶去上班。寒风瑟瑟，天空飘着雪花，他的耳朵和手冻得通红，此景此情，令我感动至偷偷落泪。忠怀自小聪颖过人，不死读书，逍遥却有好成绩，绰号“生神仙”。在上海时，他常逗我开心，安慰我说：“不怕，有神仙保佑呢。”又说：“算命先生算我有90大寿，我先送给你10年，用完再送。”那时我46岁，只期望能活到50岁，没想到能活到今天，在这多得的34年中，究竟有多少岁月是他送赠的呢？

苦难伴成长

我是一个难产儿，也许从出生那一刻起便注定了多灾多祸之命运。5岁没了爸，孤儿寡母在旧社会谋生，贫困不堪，又遭遇恶魔折腾。恶劣的环境，彬彬弱质，使我养成了多愁善感的品性，也造就了不屈、勤奋、自律、自强的品格。记得每个学期开学，母亲便奔波求借学费，直待我因成绩优秀而拿到奖学金才能以此偿还债务，这使我从小便懂得生活的艰辛，而习于清贫自洁。那时，曾有些富有哥儿公子喜欢上我这样一个姑娘，送信托媒，承诺优厚，愿供送上大学，让母亲过得优越享福。可是母亲总是婉言拒绝，她想用自己勤劳的双手，把女儿抚育成堂堂正正的人。由于我思维尚较灵敏，又专心致志、勤奋好学，终于取得优异成绩，成为玉林五属县初中应届毕业班保送省立鬱林高中的唯一直升生。雏鸟初飞，这是我人生中第一个最荣耀的彩球！

此后，我在鬱高读书，参加了地下革命秘密活动和组织，新中国成立前夕离校，参加解放接收旧政权、政二宣传队、征粮、清匪反霸、土地改革、农业合作化等一系列群众运动，做过乡镇妇联主任、县委办公室、计生卫生等项工作，还半路赤脚当医生。我服从工作需要、听从组织安排，当了一辈子黄牛。在风霜雨雪的征途上，我也曾当过“反革命家属”，不戴帽的“牛鬼蛇神”，身患过绝症、重病，数次出入鬼门关，数次痛失亲人。天灾人祸使我陷于崩溃的深渊，是中华民族灿烂的艺术光辉把我唤醒，是人间爱的力量把我挽救，是不屈的性格和对艺术的钟情让我重新站起。退休20多年来，书画诗文成了我的精神支柱，一张白纸，墨水、泪水、汗水任挥驰，寄托了无限哀思，寄托了生命的眷恋，寄托了放飞的梦想。正是：少时展翅学鹰飞/青春折剑难驰/黄牛默默盼晨曦/白了须眉。/云雾重开天地/中华艺术珍奇/读书文画总痴迷/洒尽情思。(《调寄画堂春·人生》)

黄励：1945年秋考入鬱林县立初中，高中毕业后参加地下革命组织，现为广西科技书画院副院长、玉林分院院长，武陵书画家协会副主席、国际羲之书画院名誉院长，中国书画家协会、中国老年书画研究会、中国青年书画研究会、玉林市书协、玉林市美协、中国青年书画研究会、中华诗词学会广西诗词学会等各类艺术学会的会员。作品曾获新加坡“火凤凰杯”银奖、特别奖，1999年“世界艺术大会特别金奖”、台湾当代著名书画家精品年展一等奖等50多次。此外诗词、文章也获全国征赛奖30多次，还主编有多部书籍。被艺术界誉为“东方才女”。

悠悠母校 碎片记忆

鬱林县立初级中学37班 苏宠惠

历任校长

1946年秋入学时，学校已由“国中”改为“县中”，全称鬱林县立初级中学，地址在现三中。第一任校长谭丕绩却卧病不起，还未与新生见过面就去世了，全校师生曾步行到谭屋寨送殡。继任校长周祖馨戴眼镜，身体魁梧，精力旺盛，经常深入教室、宿舍、操场和校园巡视，像个警察局长。有次我在操场玩篮球，听到晚自修铃声响急忙赶回来，刚走过天桥便被周校长逮个正着，不由分说立即摘下我的襟章。次日“学生苏宠惠，不遵守作息纪律，记过一次”的告示便公之于众，是这辈子仅此一次受到的行政处罚。1948年，周校长不知何故离任，新校长叫朱为峰，印象不深。因为不久，我就考上鬱高了。此前的校长还有梁迅和苏宠昌，后者和我同村同宗，性格开朗，曾自我调侃说什么：有个侄儿没有尊称他校长而叫“昌叔”，便问为什么叫我“昌叔”，那侄儿竟理直气壮地说“你本来就是‘昌叔’”，真气死我也！说罢哈哈大笑。原来“昌叔”用玉林“翻话”的谐音就是“畜牲”，难怪！

抗日大象　驻足校园

抗日名将孙立人率领的远征军，在缅甸缴获13头大象，编入后勤运输队。凯旋回国时，沿滇缅公路长途行军，经昆明、南宁路过玉林。大象因水土不服或疾病纷纷死去，剩下的3头就宿营在学校的操场内。鬱林人第一次见到大象非常新奇，饲养员善解人意，让大象表演卧倒，跪下，用象牙搬运大木头，让我们大开眼界。这3头大象最终到达台湾，生活在公园内，最后存活的名叫“林旺”，也于2003年2月26日去世，享年86岁，是有记录最长寿的亚洲象，堪称“象瑞”。正是：缅甸远征怀先烈，不忘大象也有功；今日冤家又挑衅，即便“林旺”也难容！（以下照片从网上下载）

孙立人将军和“林旺”

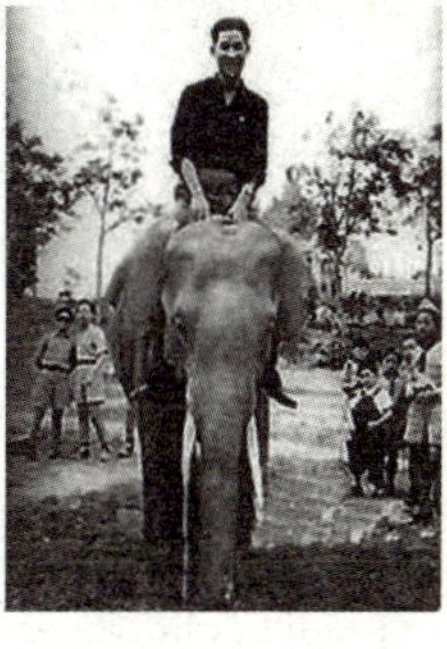

广州一位教师带领学生来参观

神秘的女生宿舍

女生宿舍设在通道的楼上，只有一个侧门进出，一般人尤其男生是不准进入的。由童军女队副队长李协篪专责管理，处于全封闭状态，给人一种神秘的感觉。然而，毕竟春色遮不住，总有拈花惹草之人。一夜正值中秋，突然铃声响起，传达喊话：全体学生在礼堂集合训话。只见训导主任唐裕德背着手黑着脸，先是怒斥有男生擅自蹿入女生宿舍，还胆大包天躺在床铺上聊天；该女生也不知羞耻，真是有伤风化。训斥一番后，怒火渐消，声调便和缓下来，语重心长地说，你们还年轻，当前最紧要是聚精会神读好书，不要分了心，机不可失时不再来啊！他承认青年人有交朋友谈恋爱的权利，只是现在还不是时候，待学成有工作后再谈不晚。到那时和心爱的人，花前月下，手牵着手，徜徉在花园里，在马路上，该是多么幸福！到那时他不会再干涉，只会祝学生们幸福！一番话，推心置腹，感人肺腑，全场鸦雀无声，给我留下深刻的印象，至今也没有忘记。正是：严师一席话，受益一百年；甲子怀恩师，音容笑貌鲜！

有过一次校庆

在校期间参加过一次校庆，活动内容包括：历届校长画像（附简历）展，除上面提到的5位，其他记不清了。各班都是一个展室，展示教学成绩，发明创造。我和同学一起用橡皮、弹簧和木头做了个“机械人”，摆在教室门口。只要踩到踏板，“机械人”便点头，同时一只手上下晃动，示意请进。虽然不是很自然但颇有新意，招来很多人围观，踏着玩的人很多，终于不到一天，就给踩坏了。重头戏是庆祝晚会，学生会演出四幕话剧《鸡鸣早看天》，由陈完璧同学主演，初次登台就光彩照人，成功地塑造了一个追求进步、渴望黎明的女青年形象，灯光、布景、音响极佳，给我留下深刻的印象。1994年在梧州退休后，意外遇见当年的校花，提起这段往事，似乎不堪回首，她不愿多谈，我也不便多问。我在梧州工作10多年，竟不知她也在梧州，想必不是很顺，早已淡出政坛。不久就去世了，也是悄无声息！可叹：当年花样女，鸡鸣早看天；看破红尘事，西去无挂牵。

有过两次远足

每年都由班主任带领学生远足一次。记得一年级是游水月岩，预先约好在就近的黄美人同学家用午餐。吃的是稀粥，菜是炒蕹菜。第二年游北流县的勾漏洞，这是我第一次出远门，也是第一次游山洞，印象非常深刻。参观完勾漏洞又穿过白沙洞，桃源洞深不可测，没有火把和当地人带路，老师不敢带学生入去。返回时已经很疲惫，队伍稀稀拉拉，放开羊了，老师也管不了那么多，有的女同学就花钱搭顺路车先走了。

山雨欲来风满楼

周祖馨任校长时，经常请一些名人到学校演讲，多是些立法委员、国大代表或中央大员。话题不外是时事形势。虽然他们一再鼓励大家要拥护政府、坚定信心，但学生们听起来，倒像是满城风雨乱哄哄，山雨欲来风满楼；私下里议论最多的是国民党军队顶不住了，共产党真的要来了！当时的《中央日报》是没有人看的，只有《星岛日报》能透露一些战况，如战场态势图中，李先念的部队就标注在河南一带，至今印象仍深。又如一篇关于解放军被俘的特写，记者浓墨重彩地描绘那双解放区老百姓手工制作的千层底和绣花鞋垫。发出的信息是，解放军得到人民群众的衷心拥护！不得人心的蒋家王朝末日已到！正是：山雨欲来风满楼，树倒猢狲啼也哀！千疮百孔徒打气，难挡狂澜滚滚来！

罢 课

记不得哪年开始，高中实行学生军制、初中实行童子军制，穿统一的军服，持童子军棍。这样就增加了学生的经济负担，多数家长和学生并不欢迎。加上国共内战，经济萧条，在“反饥饿，反内战”的学生运动风起云涌的大气候影响下，举行了以“反对穿童子军服”为口号的罢课。我们新生并不知内情，只知是毕业班同学发起的。当日起床后，学生就纷纷离校，不出早操也不到教室，教师到课堂转一圈就走。站在校门口的教导主任叶树生，眼看着学生纷纷离去，也不知所措。这时从毕业班教室传出“义勇军进行曲”激昂的歌声，气急败坏的叶树生干瞪着眼，只有大声呵斥“不准唱”！同学们反而唱得更响亮！罢课以学校宣布“不再强制穿童子军服”而胜利结束。这也是我这辈子经历的仅此一次的罢课。

难忘班友情

三十七班也藏龙卧虎，同学中不乏佼佼者，如牟崇松同学刚入校，就把绘画挂在教室里展览，虽有非议却也说明他确有绘画天赋。记得一幅楚楚可人的美女头像，就被一位高年级同学收藏。新中国成立后，牟崇松去了台湾，做了台湾画院教授，改革开放后曾回玉林搞过画展。陈会华任广西工业职业技术学院党委书记；杨熙彦任贵港市达开高中校长；关祖村，昆明勘察设计研究院高级工程师；梁秉强参加过抗美援朝，教授；何鸿荣，大学毕业后在内蒙古，教授；苏锡鹤，是唯一的清华大学生，我曾到学校看望过他，只可惜学业未成先病逝；最可叹是卢绍义，我的要好，高中毕业后，未能把握自己的命运，竟沦落为农村的“五保户”，始终未成家。正是：当年同窗友，后来栋梁材；也有落伍者，毕竟浪淘沙。

（中）卢绍义（右）作者

（左）作者（右）关祖材

（左）关祖材夫妇（右）作者

前排（坐）梁秉强

师生趣事

初中开英语课，学生学了几个单词就编顺口溜说什么："学习不懂问 teacher，老师问我 I don't know，众人行街 look girl，功课完成说 OK。"植物课是年逾古稀的陶老师担任，给植物下定义打比方说："窗外有棵梧桐树，我大声喊，梧桐树，梧桐树，它不会答应；我叫它走过来，它也不会走。这就是植物，懂了吗？"有一次正讲着课，他突然宣布“今天就讲到这里，你们自习，不准出去玩”，便匆匆离去。大家愕然，我在前排看得清楚，老师年事已高，尿失禁，裤子都湿了。农业课最乏味又最重要，因为“以农立国”，不及格就不能毕业。学生把情绪发泄到老师身上，有一次老师说：“不胜枚举，就是不胜一枚枚地举出来！”顽皮的学生只要见到陈老师就大声地重复这句话，把老师搞得很尴尬。

汽灯照明

当时全城只有一台小柴油发电机供电，电力不足，路灯很暗。学校只能用汽灯，由商家承包。每间教室挂上一盏吊灯，光度很强，算是当时最现代化的照明工具了。

苏宠惠：鬱林县立初级中学37班学生，江岸村人，中共党员。1934年生，1951年响应抗美援朝号召参军，先后在45军、54军和11军任军医、所长、地区卫生局军代表、院长，参加了朝鲜战争最后决战——金城反击战役，获志愿军总部颁发的先进工作者荣誉证书；1960年出席全军文化教育积极分子代表大会，获党和国家领导人接见并合影纪念；1979年参加自卫还击作战获嘉奖；1983年转业任梧州市工人医院党总支、卫生学校党支部书记；1994年退休，编著《苏宗经诗选》。格言：党魂，我做主！决不让腐败分子说了算。

从县立第一初中到联中

鬱林县第一初中54班　陈欢诗

我是1949年秋季考入鬱林县第一初中的。当年县一中入学考试难度很大，全县考生2000多人取4个班，共200人。可谓是精英教育。

我1949年秋季入学时共有4个班：53班、54班、55班、56班。我被编入54班。我印象中，53班导师是周嘉禧，学生有苏先礼、朱礼等；54班导师是朱冠球（朱为峰校长的侄儿，广东人），学生有陈承铭、邱第燕等；55班导师是林科炎（一中李东翔书记的岳父），学生有李秀艾、彭淑芳等；56班导师是徐超明，学生有苏锡宁、陈国进等。

当时学杂费昂贵，每年交谷子700斤，每学期交杂费13.5元光洋。入学后我们新生53、54、55、56班住在新校舍，此外还有二年级的51班和52班。新校舍建在东郊场（即现在的玉林地委和行署大院和公检法机关）。新学校教室和宿舍及校门很漂亮，每班只坐50人，室内标准采光。宿舍架床很整齐，被褥、蚊帐很整洁。管理很严，规定蚊帐放上翻摺，被褥放床中间，成为方体。按这标准每日3

次检查:合格一次记一个优点,不达标准的一次记缺点一个,两次缺点记小过一次,三次小过记一次大过。

执行纪律人由童年队长张先生执行。张先生还上童子军课。不穿童子军装上童子军体育课者,张教官就用穿皮鞋的脚踢。所以,当时这个童子军官就是法西斯教育的执行人,学生都很恨他。县一中学生出行公共场所和上学,都穿童子军装、佩鬱林一中校徽,很光荣。当时的学校领导人校长是朱为峰(广东人),教务主任是陈世蔚、钟泽高。1949年11月29日,解放军从北流打到玉林,玉林解放了。学校朱校长宣布我们也算毕业了,解放了县一中。

1949年底至50年初,解放军入班来了。我们在新校舍每班来有两个解放军当指导员,教我们《解放区的天》等歌。1950年由新校长刘易文在礼堂(现三中校舍)给我们讲话。由于学生多,后来就换地方去了国际戏院(即现在五灯坡电影院隔壁的大戏院)。刘校长是县委委员、地委宣传部副部长、岭南大学副教授。副校长是陈业堃,玉林地下党前总司令。副主任是黄俭,团总支副书记(和省师、省玉高),当时教过我的一批教师包括苏洽熹、杨达文。刘校长接管一中后,根据县委和地委指示,把城区的私立初中、定州初中、南流初中及樟木的西安私立初中,统统并入一中来。定名为鬱林县城区联合初中。当时这一改革震动很大,1951年鬱林联中听说有35个班,而且是春秋两季招学生,据说是中南地区第一大的初中。当时从一中改为联中,我们的班别改动为53班——联中13班、54班——联中14班、55班——联中15班、56班——联中16班、57班——联中17班、58班——联中18班、59班——联中19班、60班——联中20班。1952年夏天,联中13甲班至联中20班合并毕业,然后经中考升上鬱高去了。这就是我见证和经历从县一中转变成联中的经历。

陈欢诗:1949年鬱林县一初中54班学生。后在玉林一中教政治,直至退休。

和你走过的艰难日子

郁林县第一初中老领导　霍业芬

接到电话和来信，我非常高兴和感动。三年初中师生生活至今已有半个多世纪了，自从你们初中毕业分别后，由于各种原因，大多不知道你们的情况。在数年前，曾帜基同学从南宁带回你和吴贵芳等六人共摄的照片给我，知道你在学术上和工作上创出了很好的成就，心里甚为安慰。

在一初中时，我当你们45班的班主任，和你们一起学习生活，因为当时政治形势的影响，不能向你们讲我个人的情况，你在信中说及我“博学多才、良师模范”，未免过奖。初中毕业，直升桂林高中，桂林高中毕业直升全国任何一间大学，当时我是选读国立同济大学医学院。当时情况是这样的，桂高全校三班毕业文科班一班，理科班两班，共获直升名额是五名，文科的一名，其余四名属理科班，我是读理科班的，以成绩为准，我班占三名，另一班级一名。当时一个陈姓华侨因高分得第一，我第二。我成为当时玉林第一个得直升大学的学生，也是玉林霍姓第一个大学生。可是非常不幸，我父亲要我读法律系，不准我学医，我只得放弃。第二年再考，我考取了中央大学师范学院英语系、岭南大学英语系、国立广西大学政治系三间学校，怕父亲又阻挠，便选读了西大政治系。在西大期间，因我的成绩好，每次考英、数都有人帮我定座位的。西大毕业后，因无后台入不了政界，当了教师。1949 年鬱林解放，成立了联中，就被吸收入联中当老师，由于我文化知识比较全面，在解放前接触过一些马列主义的知识，对新事物接受较快，得到学生的欢迎、领导的信任，我当了六个科的科组长，连续在一中(当党支书)，在小平山、新桥、大平山、沙田、仁东、二中均当校长，共七校当过领导。在“文革”期间虽也被批斗过，但由于我本人历史清楚，没犯过大错误，在 1968 年得平反，是玉林县第一个获平反的中学领导。虽然因阶级路线问题没有得到结合，但在当时学校及公社都发挥了些作用。第一，高中成立后，我曾在一个学期里担任班主任，教高、初两班的数学，还代另一个班高中的数学，得到领导和同学的欢迎；第二，在开展“六·二六”赤脚医生活动时，我带领学校学习小组同学上山采中草药，开展活动；第三，京剧样板戏推行时，我除了教学生唱外，还教公社小学教师、干部唱；第四，当时五金垌心搞“文革”活动有成绩，全省各地都派人来参观，我负责普通话的翻译工作；第五，以后每调到一个高中，虽然恢复了校长职务，但文体小组的歌都是我教的。当了七个中学的领导，工作负责，未犯过大错误，三十多年，但从未得过正职，在评薪上，除了大家都有份的水涨船高外，从未得过一次提薪。真是岁月坎坷，前途多舛，因此想起了命运。人是到了智穷力竭的地步才想起有命运。历史上楚霸王百战百胜，终于自刎乌江，大喊“天亡我也，非战之罪”，天意便是指暗中的一种势力，也便是命运。李广一世猛将，却永远不得立功封侯，不能不诿于奇数，也便是命运乖蹇。想起孔子早年风尘仆仆，困窘不堪，碰了一鼻子灰以后，领会到命运之神是这样的捉弄人，于是年过半百以后发出了“五十知天命”的感叹。孔子说：“古圣人君子博学深谋不迁时者众矣，岂独丘（孔子的名）哉！贤不贤者才也；为不为者人也；迁不迁者时也；死生者命也。”他安慰自己说，古来怀才不遇之人很多，不独是我一个，人的才干和努力是另一件事，境遇和生死都是命运所定的。近年来世界上人类基因学说的诞生，说基因决定人生存的一切，这也和命运说有共通之处。在退休之后，为了不停止大脑的运动，我又学习了一些周易预测学知识，虽未能登堂入室，但对命运的认识，如何运用唯物辩证法去理解和运用，已有一些兴趣，如你想学习，愿和你共同研究。

霍业芬：1958年任我校党支书，上数学课，深受学生欢迎。1959年调新桥高中。

我的心飞回母校

鬱林县初中52班 何家沅

我在新中国成立前，是鬱林县初中52班的学生，新中国成立后，是鬱林联中16班的学生，班主任是杨达文。毕业时，班主任是霍业芬，音乐老师是晏立熹，体育老师是郑维明，陈业堃是副校长，黄俭是主任。1952年于母校初中毕业，考入柳州高工，后合并入汉口汽车制造学校。1955年被分配到河南洛阳第一拖拉机厂工作，后来参加拖拉机学院学习，取得大学本科文凭，1978年被评为工程师。现在，经区考核，评为高级工程师。1985年底，为振兴广西，由柳州微型汽车厂招聘，全家返回柳州。现在柳州微型汽车厂理化室工作，并兼任党支部委员、工会分会主席等职。

我离开故乡后，由于种种原因，和母校的老师、校友都失去了联系。母校地址以前在现在的三中，现在迁到西望桥。新的校址、校舍我还未去过。

在校的领导和老师们！你们辛苦了！你们为玉林教育事业做出了贡献，我们校友对你们表示衷心感谢！

让我们在不同的岗位上，为实现祖国四个现代化，为振兴广西，为玉林家乡的发展而努力。

我弟弟何青原也是一中毕业的学生，他现在是广西商业专科学校副校长，一直从事教育事业，他说过去他的学生很多也来自玉林一中。这是我们母校的光荣，我听了很高兴。

我离开家乡几十年，也愿意为家乡、母校尽点力。母校有用得着我的地方，有需要我做的事，请吩咐好了，弟子一定尽力去做。

何家源：鬱林联中16班，原籍州珮。现在柳州市微型汽车厂理化室工作，高级工程师。

黄俭同志关于接管工作的一封信

黄 俭

玉林市一中校史编写组负责同志：

亲函收悉，现将有关校史情况分述如下：

一、中国人民解放军广西工作团于1949年12月5日赶到鬱林，成立鬱林专区军事管制委员会。我是军管会学运组成员，参加接管鬱林高中。1950年元月中旬又奉令接管鬱林职校（单我一人为军管代表，吸收该校一些职工参加接管工作小组），1950年元月下旬，我又奉令召回专区军管会，筹备地区学联和青年学园工作。

二、经过接管，鬱林职校不是马上解散的，而是根据新解放区“维持原状，逐步改革”的方针进行调整的。当时鬱林职校情况比较复杂，校长周祖兴（鬱林南江人）于接管后被拘留到县公安局候审，何时释放，王以义（卖酒村人）、徐敏（鬱林地区卫校离退休干部）是知道的。王、徐二人原是鬱林职校教工，他们对职校情况比较清楚。鬱林职校以后改为鬱林会计学校。

三、1950年3月1日，我奉中共鬱林地委、专署委派到鬱林联中当教导处副主任，主要是负责青年学生工作和新民主主义青年团的工作。郁林联中是以原郁林县一中为基础的，把三所私立中学——中正中学(新民中学)、定州中学、南流中学合并起来，成立郁林城区联合初级中学，校长刘易文(现任灵山县政协委员)。

1953年9月1日起，恢复郁林县一上中校名，把郁林解放日定为校庆纪念日(1949年11月30日郁林宣告解放)。

四、请向如下同志了解校史情况：

陈业堃(现任玉林政协委员)，他对新民中学和成立联中比较清楚，又是联中副校长。

彭甫钊(现为广西经济管理干部学院离休干部，通信地址：南宁西乡塘经济管理学院)，他是中共地下党员，对中正中学的情况比较了解。

霍业芬(现玉林市二中教工)，原新民中学教师。

王以义(玉林名山卖酒人)，原郁林职校教工，是接管时的积极分子。

徐　敏(现为玉林地区卫校离退休人员)，原郁林职校教师。

周季新(玉林高中离休干部)，原玉林镇一中、玉林高中教师。

专此致复，并祝

教安

黄　俭

1988.12.25于百色市

黄俭：郁林县第一初级中学1951年7月至1955年8月，1963年月11月至1969年8月任副校长。是解放初期一中发展的见证人。

母校给我留下的深刻印象

鬱林县立初中17甲班　梁　溪

1950年夏季鬱林联中开始招生，当时我正好在古定小学毕业，随即我考入了鬱林联中。

记得考入鬱林联中时，校长是刘易文，副校长是陈业堃(后刘易文调离，陈业堃接任校长)，教导主任是黄俭，我在17甲班，班主任是梁大华，数学老师是黄世梯，美术老师是谭垂明。

当时鬱林刚刚解放，鬱林联中在招生和正式上课后，学校的学习风气非常浓厚，大家除专注上课读书外，还争先恐后地到新华书店购买新书，到学校图书馆争相阅读报纸杂志，大家都非常关注全国新形势。

学校为了提高同学们的政治思想和革命觉悟，组织同学们参加县里举行的各种政治活动，参加抗美援朝的大会和游行，和解放军开展联欢，观看解放军演出的《白毛女》《刘胡兰》话剧，向解放军宣传队学习秧歌舞、腰鼓舞、踩高跷，合唱革命歌曲。

学校在轰轰烈烈的抗美援朝的浪潮中，举行了声讨美帝国主义侵略罪行的大会，由校长刘易文作了报告，大大激发了同学们的革命热情。为反对美帝国主义的侵略行径，同学们纷纷表态支持抗美援朝，要求参加志愿军，群情激昂。很多同学写了血书，我也参加了血书签名。这是一项爱国主义教育，对同学们的政治思想教育很大，整个学校处在一种热血沸腾的气氛之中。

学校在这种形势下，开展动员同学们参军参干活动，同学积极性非常高，报名参军参干的同学非常踊跃。经过学校的考察和报县里批准，第一批就批准了八位同学参军参干，这批获批准的同学大约都分配到西安、南京等军校学习。

通过了这些活动，同学们的革命思想得到了很大提高，大家都知道了为革命必须好好学习，锻炼身体，才能为共产主义做贡献的道理。因此，学校里学习情绪高涨，并且出现了同学们早早起来锻炼身体的好风气。有跑步的、做体操的和打球的，一片朝气蓬勃的景象。学校的篮球队也成立了，一位体育老师和一位同学被选上了地区队，后来到南宁参加全省比赛又被选入广西省队，代表广西省参加了当时在长沙举行的第一届中南地区篮球比赛。在当时一个县里的中学就有两个广西省篮球队员是很不简单的。

学校里还举行了一次以抗美援朝和打倒美帝国主义为主要内容的晚会，各班和年级都组织了节目参加，有演活报剧的，有表演舞蹈的，有唱革命歌曲的。当时为了活跃学校的文娱生活，同时还组织美术组，学绘画、学化妆，这些活动我都参加了。学校还组织了一个电机室，给一些爱好机械物理的同学有学习和活动的机会。

学校为了加强革命实践的锻炼，根据县里下达的任务，多次发动同学们参加县里组织的下乡宣传队。我记得具体的内容有宣传“减租退押，收缴民枪”和书写革命标语等艰巨任务。我当时也参加了宣传队，到过的地方有城隍、仁东、福棉、新桥、沙田等地。所到之处，我书写了大量革命标语。其中有一次我参加的宣传队(大约在1951年初寒假期间)到新桥、沙田一带演出，记得当时的区长是李思潮，在到沙田时，因常有土匪出现，为了安全起见，区政府还给每人配发了一支“七九”步枪(宣传队的老师和同学大约有近20人)，同时上级还随队安排了两位解放军和几位武装民兵，以保证宣传队的安全。有一天晚上在沙田的一个村里开群众会时，竟有土匪在附近山上开了两枪，当时大家非常紧张(另外还有两次险情)，全靠有解放军和民兵的有力保障，才没有发生危险。这种实践使我们受到很大教育，使我们得到了考验和洗礼，革命思想和阶级立场得到了锻炼和提高，为今后我们的工作打下了良好的政治基础。

学校根据县里的其时任务和需要，派出一些同学参加县组织的社会工作和活动。因为我爱好书画，有一次我被学校派去参加“鬱林地区土匪暴行展览会”工作，主要负责整个展览会的漫画和文字编写工作，包括书写标语。由于这些工作仅有我一个人，因此每天除吃饭和休息五六个钟头外，其他时间全部投入工作。这样忙碌了三天，终于完成了任务，得到负责展览会的领导和同志们的表扬，说你们鬱林联中的同学真能干，值得表扬！我非常高兴地回到学校，学校老师也很高兴。这对我来说是一次很好的学习和锻炼机会。这是鬱林联中给我留下的最深刻的印象和教育！

光阴如箭，日月如梭。不觉之间，离开母校已经62年了(我是1951年七八月间离开母校的)。每每忆起我的母校，我总是抱着感激和感恩的心情，因为在我参加工作的几十年中，每一点成绩和进步，都是和母校给我的培养和教育分不开的，因此我感谢母校，怀念母校！

梁溪:曾任广西壮族自治区人大代表、广西壮族自治区政协委员、民革柳州市委员会主任委员、民革广西壮族自治区委员会副主任委员、中国人民政治协商会议柳州市委员会副主席。

艰难岁月

鬱林联中 50 级 58 班　周敏基

终入联中

我于 1950 年 2 月 23 日考入鬱林一中，开学上课不久改为鬱林联中。是由鬱林一中、定州中学、南流中学、中正中学、樟木西安中学合并为一间中学，名为鬱林城区联合初级中学，简称鬱林联中。

我虽然考后被录取，但由于经济困难交不上学费，加上土匪暴乱，社会不稳，人心不安，因此未能交费入学。这时心情不快，很是苦恼。

同我一起考上的同学有林业光、林文才、林达华、张学昆等人，都交费入学了，自己无钱交，只好在家务农。这时人在家里，心思却去了学校。心想：学校生活就到此了？因此心绪不定，总想入学读书。家里虽离学校有三十多里，但每隔几天或半个月，我就步行到鬱林城，见见同学，看看学校。见到了同学，很是羡慕。每当到了街上，心情便舒畅很多，觉得一天的时间很快就过去了。回到家里却感觉度日如年。

日子一天天地过去了，不觉之间又过了一个月。四月初的一天，我在家里实在忍不下去了，早饭后便步行到达了鬱林城。走到联中内，找到了林业光同学，后又找到了林文才和林达华。他们对我说："来吧！现在还可以入学，快来呀！"这时，社会上还不安宁，很多同学不敢来校，各班人数不足，因此，学校延迟学生交费入学手续。

"想是想读，可没有钱交学费。"我说。

"不要紧，实在没有钱交的可缓交，只要有三个同学担保就可！"林业光说。

我听了，一下子便轻松很多。说完就同林业光去教导处询问。

是真的，我马上就写了申请入学缓交学费报告。林业光、林文才和林达华签名担保。办了入学手续后，第二天便回家叠行李来校。

事有凑巧，我要入学读书这一天，正是我伯公的儿子满月，当晚他叫我吃饭，这无意中也庆贺我读中学，真是老天有眼。

第二天，天气晴朗，我把文具书籍都带去了学校。这天早上是作文课，班主任兼语文教师是周嘉熙。我是同黎盛隆坐的一个书桌，他是福绵人。

我们班是58班，现在我只记得部分同学的姓名，工作单位还不知道。如张学昆、李协邻、吕学惠、杨朝玖、杨礼奇、蒋荔生、梁赞彬、周译燕、王贵文、林文才等人。终于读起了中学，我的心情非常激动，感觉自己恢复了青春的活力。

学习半个月后，一个星期六的下午，我返家取伙食费，但由于家徒四壁，家里十多个人，开支大，无法供我上学之费用，我到处借钱，又没法借到，因此难以为继，只好让父亲写了休学申请书。在休学时间里，我反复往返城区，既锻炼了身体，也强化了意志，对学校的生活也有些了解，只是见到同学心里很是羡慕。

1950 年 8 月下旬，学校开学了，我心里老想着读中学。有一天，我到鬱林城路过木山，见大哥、八叔公在分木山股份米，每股份有五百斤米。他俩对我说："你想读书吗？这里有米。"我一听心里很高兴，在他们的帮助下，称了一百斤米给我去交学费。我一鼓作气把一百斤米担到鬱林联中交学费。交费后办清入学手续，我被编入 21 班，第二天全部的复读学生和新生编入课前培训班，时间一周，进行形势教育、校史教育和树立正确的人生观教育。培训期间听了刘易文校长、文教科长罗方、杜县长、高仕克专员等人的报告，提高了觉悟，明确了为人民服务的道理，树立了为革命而读书的思想。啊，我终于又到联中读书了！

参加"清匪反霸"宣传

1950 年秋收后，农村掀起了轰轰烈烈的"清匪反霸"斗争，我们鬱林联中学生，在县委的指示下由学校组织下乡参加这一伟大的革命运动。经过动员宣传，同学们都积极参加进去。我们 23 班同 14 班、15 班和 16 班一起去三区（岭塘），林海光是学生领队之一，老师也一起跟学生参加。我们到刘屋村、丹竹村等宣传工作。运用各种演唱材料宣传，我是演唱宣传人之一。我们用山歌、牛戏宣传，很多农民都来听，收到了良好的效果。经过宣传，群众发动起来了，敢于斗争地主、官僚和恶霸。他们提高了政治觉悟，分清了敌我。当时土改的总路线是依靠贫雇农，团结中农，中立富农，消灭地主。在摸清情况，核实材料，经上能批准后，公审斗争恶霸、地主、匪首和反动官僚，枪决了芦继时等人。为民除了害，扫清了土改的拦路虎。

正月初一，我们同学到军属家去慰问、贺年，群众很欢迎，真是热闹极了，因为这年是新中国成立后的第一个春节。本来我们同学是准备回家过春节的,一家团聚过个解放节。但为了土改,为了人民彻底解放,同学们都牺牲了这个假期,参加到土改斗争中去了。我们都是是带伙食去的,克服了很多困难。我也参加了这次的运动,感觉确实比较艰苦。当时天气寒冷,衣服少,没有棉被,只有一件夹衣过了这个冬天。天太冷都睡不着,十分冷时只得用禾草盖身上。就这样坚持着同群众在一起,结成了知心朋友。因此,在正月初一就有群众送很多年糕来,我们只领心意,不领礼物,感动了群众。我们是根据不拿群众一针一线的指示行事的。由于这样,我们在群众中都有很好的口碑,都说共产党教育的学生是好学生。

寒假后,土改宣传结束,回到学校后,又开展抗美援朝运动,部分同学坚决要求参军,因此,全校又掀起了参军热潮,很多同学咬破指头写血书,决心参军到朝鲜战场杀美帝。卫生院护士朱姑娘参军到朝鲜去,得到好评,她来信鼓舞了同学。有个姓梁的女同学参加志愿军后,作为飞行员,打下了美机,为祖国和全校争了荣誉。

一堂语文课

1951年秋季期开始,我班语文教师是顾振旅,他平易近人,和学生打成一片,上课严格要求,下课和学生交上朋友。他上语文课深入浅出,课堂活跃,讲课生动。他上《赶走了贫困》一课,我现今还记得很清楚,内容是讲苏联十月革命前后农民生活变化的故事。革命前农民贫困,革命胜利后,农民翻身得解放,丰衣足食,贫困走了。课堂上结合实际,老师发问:“十月革命后苏联农民如何赶走贫困?”一部分同学举手发言。老师接着又问:“苏联农民为何能赶走贫困?请结合实际谈感受。”学生们马上想到自己的家庭,想起乡里斗地主的情景,想起土改时分田分地,个个充满了发言的欲望,各自发表了个人的感受和体会。堂上有苏能、周清贤、邓贵福、钟和鸣、吴承功、何明光、邓伟明等十多人发言。虽然事情已是过去38年了，但我感觉还历历在目，好像发生在昨天一般，谁坐哪个座位上发言，我都记得一清二楚。

当噩耗传到我们学校时

1953年3月7日早饭后，我正在读报入迷时，微风从窗外吹来，吹得报纸角拂拂动着。吹得我的身体舒服极了。我把《钢铁是怎样炼成的》一书拿来读，正看到第一页第三行时，突然学校的高音喇叭响了，传来了不幸的消息：我们最熟悉的朋友和革命导师，世界人民的革命领袖，苏联部长会议主席，苏共中央书记斯大林同志，于1953年3月5日晚上9时50分，因患重病而逝世。当消息传到耳朵时，我竟有些不敢相信，但心情感到很悲痛，当时抑制不住悲伤的心情而流出了眼泪。

下午学校召开师生大会，黄俭校长走上讲台，露出悲痛沉重的心情，向师生传达了这个不幸的消息。当场师生起立默哀3分钟，整个会场沉浸在悲痛中，不时发出了哭声，哭声盖了其他声音。过了30分钟，黄校长宣布毛主席的命令，为了表达中国人民对伟大领袖斯大林同志的敬意，从3月7日到9日这3天停止一切娱乐活动，把悲痛化为力量，以实际行动，哀悼斯大林同志的逝世。

散会后，同学们回到教室，写了一篇日记。

当时我也写了这篇日记。

毕业试后

我班是1953年7月毕业的。这个学期的班主任是黄世睇老师，教我们几何课。她讲课生动，深入浅出，能使我们当堂学会，而且记得牢固。

语文教师是蒋清，讲课很动听，下课时间到了，同学们都还在静听讲课。我班成立了文艺学习小组,梁易模为组长,苏谨能为副组长,成员有芦志才、周敏基、陈茂荣、钟和鸣、罗惠新、陈国泰等人。蒋老师经常参加我们的活动,做具体指导。

政治老师是丘桂雄,化学老师是李伟祐,物理老师是杨苫健,历史老师是钟泽丰,体育老师是郑维明。

这个学期,我们班是重点班之一,黄俭校长深入我班抓典型,因此,我班学习、工作等都比较好。经全班同学讨论,我们班被命名为“高玉宝班”,学习高玉宝的坚毅革命精神,并和高玉宝通了信。我们班有好几个同学是学生会或团总支干部,陈茂荣为团总支委。苏谨能、梁昌棋为“联中动态”校报主编,这个校刊办得好,在全广西各中学都有一定的影响。

毕业试后,开展参军运动,柳州航校来我们学校招收初中毕业生,招生小组长是黄俭校长,我班获批准的有周清贤、梁苏健、唐垂鸣、陈治豹、晏本荣等人参军。这是我班的光荣。毕业后考上玉高的有邓贵福、陈茂荣、周启明、戴书友、梁君理、李伟亮、陈国泰、李协勤、苏荣志等人。考上省玉师的有周敏基、钟茂崇、李朕耀等人。考上柳州林校的有周敬文。北京大专院校来我们学校招助理工作人员,我们班有陈国定、罗锐新、钟和鸣、何明光等人被选中。在玉林工作的有苏谨能、梁昌模、陈显、曾美贞、梁光来等人。

周敏基:联中50级58班学生。参加工作勤勤恳恳,原为玉林教育印刷厂厂长。

此心永远向着党

鬱林联中　杨达文

我自幼家里穷，七八岁时就放牛，下地劳动；十一二岁时就跟村里的“最华新粤剧团”到外地演出，什么事都干。快到十四岁时才争得上学读书的机会。上的是平民夜校，初步识得了四则运算，也懂得了风雨雷电的知识。后来由于自己的一再要求，母亲才勉强同意我上小学。又由于自己年纪大，就从三年级的下学期开始读。能够读书，我心情欢畅，学习刻苦，各科成绩进步很快。就这样读完初小，我决心报考南乡西四乡中心校，在不被母亲看好的情况下，居然考上了。因为300人考，才取60人，我是其中之一，怎不令人惊喜交加！这样我又读了高小。吃在外婆家，我星期日就经常帮舅父舅母做农活，深得他们的喜爱。他们鼓励我多读书，多做作业，因此我的学业进步更快，成了班中德智体美全面发展的学生。我又参加学校文艺队，扮演《旱祸》主角，名声大振，接着又做学生领头，红得很。其时各类文体的文章手到擒来，历朝历代的名称和君主，能从远到近写出，还懂得了不少自然科学的道理。

小学毕业后，家中实在困难，没敢再报考初中。后在老师同学的支持鼓励下，考了两次初中，居然都考上了。父母、哥哥、弟弟喜出望外，大嫂又拿出陪嫁时最好的花格被子给我去学校用。我又成为一个初中生了，又一次圆了我的读书梦。读初中并不顺利。交了米又没膳费，经常被停膳，又得向姐求助，要等很久姐姐才拿得出钱米，这样挨过了一个学期。

初中中途又受到日机轰炸，我又生病，后来二哥高中毕业了，找到了工作，老师帮一点，家庭出一点，自己争取助学金又添一点，才挨到初中毕业。

初中毕业，我已筋疲力尽，心有余而力不足，暂时回家务农，待机再说。

1943 年 7 月是我又一转机的日子，我接到在重庆工作的二哥的来信，叫我到重庆上国立中学。我经过千辛万苦到了重庆，九月初顺利进入四川江津杜市五福场国立第二华侨中学读书，直到 1945 年 7 月高中毕业。高中毕业又获得学校保送上四川壁山的国立社会教育学院，后学院迁到南京楼霞山，过了四年安定的大学生活，成为了一名名副其实的大学生，我兴奋万分。

读书的经历使我认识到，以前农民家穷，就无法读书，不读书，就没有文化，就永远处于社会的底层。旧社会，国民党不让穷人读书，只有共产党才能让老百姓子女入学，有光明的前途。这是我的初步认识。

1949 年我先在苏州市私立社光中学任职，我亲眼看到中国人民解放军、各级人民政府的干部，纪律严明，廉洁奉公，艰苦朴素，与国民党的军队、政府人员相比真有天渊之别。这使我对中国共产党、人民政府又有了进一步的领悟。

1950 年 3 月，经人介绍，我回到了郁林，在城区联合初级中学任教。

在学校，我年轻肯干，工作积极，特别得到老师、同学的信任。我参加了各种政治运动。清匪反霸，身为班主任，积极领导学生到街上向群众宣传，编山歌、牛戏，揭露土匪恶霸的罪行，受到群众的欢迎。土地改革，我领着一个年级三个班到岭塘、大凝与“贫下中”家实行“三同”，自编山歌牛戏，边编边教边演，向群众大讲旧土地制度的弊病，讲土改的必要性，地主的罪行，大会小会，忆苦思甜，搞得热火朝天，得到学生、群众的称许。这些运动使我认识到，不管做什么工作，都必须以马克思列宁主义、毛泽东思想为指导，这样才能分清是非、辨明敌我，才能正确贯彻执行党的方针政策，才能做好工作，争取胜利。我成为历次运动的积极分子，直到做了学校的副教导主任。接着，我还以同样的态度参加了“反右”斗争和“四清”运动，这些运动使我得到了锻炼。

1966 年 5 月，“文化大革命”在全国爆发，随着动运的深入，就有人给我出了大字报《潜藏特务——杨达文》，主要内容有三点：1. 1949 年 1 月，在台湾接受国民党特务机关的任务，潜回大陆，直到现在，待机而动；2. 历来工作假装积极，获取优秀教师、先进工作者、人民代表的称号，骗取人民的信任；3. “文革”开始，还假装积极，混进革命队伍，以伺过关。紧接着把我揪出革命队伍，大字报铺天盖地而来，对我日查夜查，大会斗，小会斗，校内斗校外斗，连我的爱人及儿子亦受到牵连。但我身体健康，历史清白，绝不是反革命分子和特务，我从台湾回来是实习而回，不是为了什么政治目的。工作实践、政治运动，一步步加深了我对中国共产党的认识，是中国共产党、毛主席领导了新民主主义革命，推翻了“三座大山”，建立了新中国。是中国共产党带领人民跨过了一座座险滩，取得了历次政治运动的胜利。我决心要加入中国共产党，从1951年起我年年向党上交入党申请。我实在没有反党反毛泽东思想，更没有这样的言行，我越想越坚信、越乐观，不管怎样批，怎样搞，怎样斗，我都不说一句假话。

1968年下半年，学校复课闹革命，对我的管理渐渐放松；1970年我被送到县师范学习，会上，我对自己作了深刻检讨；1972年春学习班结束，我回到教育战线，做一个班的班主任兼上语文课。我仍朝气蓬勃地工作，不久又把我调到卫东高中，反正我不是反革命，党叫我到哪里就到哪里，为党的教育事业而尽我之力。因此，不管是教学工作还是勤工俭学，我都能言传身教，一马当先，并历年被评上优秀教师、先进教育工作者。

1980年再把我调到城区二中，这时我在“文革”中的问题终于得到了平反，戴了几年的反革命帽子全摘掉了。我的心情更舒畅，工作更积极，工作热情不减当年。1985年6月我永生难忘，这个月，我终于光荣地加入了中国共产党，实现了我47年来要求入党的愿望。这是党对我的热切鼓励，是人民对我的高度评价。我要珍惜、爱护这光荣的中国共产党员称号，为人民多做贡献。

杨达文：小时千辛万苦读完初中、高中，1945年在南京国立社会教育学院毕业，1950年在鬱林城区联中任教。朝气蓬勃，工作积极，深受学生欢迎。经过“文革”锻炼后，1985年6月终于加入中国共产党，表达了追随中国共产党的决心。

啊,光荣的26班

鬱林联中26班　卢盛富

玉林一中,广西名校,为玉林培养出成千上万的学子,桃李满天下。正是春风化雨育桃李,薪火相传九十年。玉林一中90周年历史中,培养的班级数以百计,我们26班是其中光荣的一班。

26班,1951年春设班,1953年秋提前半年初中毕业,全班60人(48男,12女)。当年毕业7个班,26班考上鬱高40人(高中毕业又全考上了大学,且大部分到北京、武汉、广州、长沙、西安等重点大学)。当时校长是黄俭,班主任是陈德仪。

26班在同届7个班中,升学率最高,而且成就突出,有一位武官升至副军级,有一位文官升至副省级。

26班在母校光荣传统的浸润下,在优良学风的熏陶下,有以下特点:

一、团结好学。全班同学非常团结。提前半年毕业,全班一条心,刻苦学习、暗下决心,一定要赶上甚至超过满三年的四个班,一定要考上高中,读大学。奋发向上,互相鼓励,互相帮助。学习好的和稍差的结对，学习全面的和偏科的结对，使全班没有一个落伍者，全班60人均按时毕业。高中、大学、工作、退休，各个时期26班的同学仍能保持友谊，相互鼓励和帮助，通信联系不断，一有机会就相聚畅谈，情谊甚笃。

二、升学率高。70%考上大学，而且多数上了重点大学。26班在北京读大学的人达8位，7人考上中专。

三、成绩突出，成就卓著。雷钧华校友，是班上的宣传委员，鬱高毕业考上中山大学历史系，毕业分配到总参谋部，从连级军官（中尉）升至副军级军官（大校）。唐积初校友是班上小组长，鬱高毕业考上中南财经学院，毕业后分配到陕西工作，后任省人大常委会副主任。林友良同学，大学毕业后分配到两弹试验基地，参加了我国第一颗原子弹和第一颗氢弹的试验工作。26班校友中做到团级处级干部的有十多位，从事科技教育医疗等专业高级专家就更多了。值得一提的是26班的两位“排尾兵”，26班校友中最落魄的两位，一位是流落在玉林城区的周永惠，一生靠打零工过活，改革开放后由群众推举当上了街道居民委员会主任；另一位扎根农村，一直当农民，改革开放之后，被村民选为村长。

有人评论说：26班最落魄的同学都当上街道居委主任和村长，真是一个名副其实的英雄集体啊！

四、“三高”者多。全班有17位同学夫妇双方均是高学历、高职称、高收入。新中国成立初期由于传统影响，男女同学比例悬殊，一般班上只有几位女同学。1950年代上大学的女同学很少，所以，男同学要获得女同学的芳心就必须是品学兼优的男生。而26班有17位夫妇双方均是“三高”的同学，说明他（她）们是较为出众的人才。特别是像我们这些出身寒门、地域偏僻的同学，要成为城市出身的女大学生的配偶，更为难能可贵了。例如雷钧华（夫人为武汉人）、唐积初（西安藉）、卢盛富（夫人为哈尔滨医科大学的本地人）、王西谋（夫人为北京人）等。

五、感情深厚。26班同学，情谊深厚，几十年来互相通信，尤其是改革开放以来，更是联系紧密。大家非常怀念初中时代的母校。怀念当年下乡参观土改，宣传党的政策，助民劳动，受到社会教育和体会农村的艰苦。退休以来，更是三两年聚会一次，使同学间的情谊得以重温，让魂牵梦绕的友情得以释怀。每次相聚皆合影留念，有时通发聚会纪要。2012年聚会，大家要求我代表26班的各地校友，祝贺母校校庆，汇报我们的成就和成绩。

今天的一中，既充满现代文明学校的勃勃生机，又饱含百年老校的文化底蕴。

百年沧桑传薪火，千秋事业谱华章。

岁月铸就辉煌，历史昭示未来。

我们可爱的母校，将在党的优先发展教育方针指引下，谱写出更加动人美丽的新篇章！

卢盛富：鬱林县城区联中26班校友。

一中，革命的熔炉

鬱林联中38班　彭正禧

我是在1952年秋考入鬱林联中38班的（后联中改名为一中），毕业于1955年夏。最高学历：哲学本科毕业（获区高等教育自学考试哲学本科毕业文凭）。现工作在广西雒容农场任管教员（行政正科级）。

在母校的三年，真是最有意义又令我终生难忘的三年。刚入校即受到21班派到我班的大哥大姐的热情带领和关怀，学校到处洋溢着一片革命的激情，唱歌、跳舞、联欢，短短的几天即把高低年级同学之间、班中同学之间、师生之间的关系搞得非常融洽。论年龄我当时只有13岁。学校少先队及共青团开展的活动富有成效和吸引力。是年冬我加入了少先队。班主任为潘朗清老师。第二、第三学年班主任为陈德仪老师。师为生表，后来我的某些作品就是跟老师学来的。在校时苏联革命文学以及国内革命文学对我的思想品德有决定性影响。我最崇拜的书是《钢铁是怎样炼成的》，革命文学灌输给我誓为革命献身的思想。虽然知道今天我并不是什么英雄，但我忠于革命、忠于祖国、忠于社会主义的决心，是矢志不渝的。

我和很多同学一样，当时经济极其困难，我差不多每个月都要步行四十五里返家——龙安补充供给。菜金当时每餐为二分钱，有的同学还交不起菜金和饭钱，有到食堂捡剩饭吃的。中学时代培养了我以艰苦朴素为荣的品质，遗憾的是由于缺钱，没有要到毕业时全班的合影照片。但保留有一张少先队时的合影照片，黄俭校长、陈主任及辅导员就在我们的身旁。

学校培养学生为革命为健康而锻炼身体的活动非常富有成效。学校新奇的体育设施一开始就吸引了我们，比如千秋、摇船、木马、天桥、爬杆、单双杠、篮排球等等。后来实行劳卫制，我夺得了劳卫制预备级优秀证章。我一直把不能坚持每天锻炼身体视为人生憾事，我的身体健康根植于中学时代的身体锻炼和顽强意志锻炼。

我仿佛还记得入校过道上（现三中）一幅镜屏上书的《革命熔炉》。啊，革命熔炉，多少同学从这里走向了革命！

彭正禧：1953年鬱林联中38班学生，哲学本科（自学考试）毕业，现在在雒容农场任管教员。

梦圆53级49班

鬱林联中1953级初49班 黄桐华

我是鬱林联中1953级49班学生。60年前豆寇年华的往事,引起了我的追忆,那天真烂漫的幻想,那飞翔的梦,母校老师们激励我们努力学习、奋进向前的言语音容,都给我留下了深刻的印象和难忘的回忆。

49班的班主任是郑羲蕴老师,她娇小玲珑而美丽,说一口纯正的广东白话。节日与我们一样戴上红领巾,就像我们的大姐姐。她上语文课,那形象生动的语言,启迪和培养着我们的形象思维。数学老师杨熙海,纯朴而憨厚,他用推理、论证的数学概念启迪和培育着我们的抽象思维和逻辑思维能力。还有冯老师、李老师、陈老师……他们为我们灌输自然科学、社会科学和文化艺术知识,启迪我们正确思考、热爱科学。母校的校训和学风,培养我们热爱祖国、遵纪守法、团结友爱、奋发学习的精神。49班的同学就是在老师们的培育下,扬起了理想的风帆!

庞泰嵩同学是49班的一杰。在班里喜爱作画,在初中时就举办过他的画展。大学毕业后在空军部队得到了训练和考验，在20世纪60年代的援越抗美中立下了战功，是当代画坛上一位以画见长的中国山水画家，名播海内外，是有着“中国第一云”称号的少将军旅画家。现已年过古稀，但还笔耕不辍，令人钦佩！

陈治才同学是一位名航空事业的骄子。他创建广西航空公司，并任总经理。这里有一段筹建广西航空公司的故事。20世纪80年代末至1990年间，广西“筑巢引凤”搞基础设施，以引进资金和先进技术。当时筹备了几年的广西航空公司还没有成立。自治区一位领导询问我为什么几年了还没有成立广西航空公司，我根据广西当时的经济情况向领导汇报，当时广西有4100多万人口，国民经济总产值490亿元，财政收入仅40亿元，自治区经济十分困难，需中央补贴财政吃饭，这是领导知道的，要自己成立一个“广西航空公司”是困难的。领导问我应该怎么办，我说了两句话：一是不能与南方航空公司当“兄弟”，只能当“儿子”，当“兄弟”在竞争中我们可能会失败，当子公司可保护你，况且我区没有那么大的投入；二是请我的同学陈治才过来负责筹备，他是南方航空公司飞行大队长兼安全处长，有30多年的飞行经验。当时领导欣然同意。广西与南方航空公司于1991年3月签订合同，当年7月份就运转经营飞行了。第二年就为我区财政上缴利润，以后每年上缴利润都有递增，现在已开辟了国内外几十条航线，广西航空公司为改善和促进广西经济发展做出了贡献。陈治才退休后，还到澳大利亚创办了航空学院。

苏世华同学以全县状元的成绩考上了一中。在中国电器科学研究院工作，高级工程师，是一位微电机研究开发专家，曾获国家的多项奖励。

藤流曼同学是49班女中一杰，曾是我的同桌，她那学姐的风范给我留下的难忘的印象。她勤奋好学，成绩优秀，事事以身作则，在北海市妇联主席的岗位上做出了奉献。

还有，中医名家李家增（班长），主任医生黎秀贞，教育界苏永能，科技界张朝充、袁海明，各层领导机关工作的刘盛信、蒋以聪、黄桐华……49班能人辈出。

1953级49班的同学，在党的培养下，经过几十年的学习和实践，经过风风雨雨，得到了磨励和成长：有的获得了高级工程师、研究员、教授、高级教师等职称，他们在各条战线、各行各业中，有所发明，有所创造，有所建树，成为了某方面的骨干、学术带头人；有的同学成为各部门的领导或者管理干部；有的同学参与了柳州钢铁厂的规划设计管理；有的同学参与了大厂有色金属矿山采矿、选矿冶炼工程的策划设计管理；有的同学参与了平果铝业、龙滩水电站建设的前期工作；有的在医药战线上救死扶伤；有的同学为国防建设做出了贡献；有的同学在教育战线上为培养人才做出了贡献；有的同学在农业战线上成为种养能手，发家致富……我们为共和国的事业、为社会主义建设做出了贡献！我们没有辜负党和人民的希望，没有辜负玉林一中母校的教导和期望！

母校历经了九十年的沧桑和巨变！抚今追昔，十分激动，填词一首表示祝贺：

育才敬业辛芳，善熏陶，莘莘学子心志比天高！
图精励，情怀烈，敢弄潮，超越目标圆梦逞英豪！

黄桐华：原名黄统华，曾任中国广西顾委会副秘书长，广西区党委办公厅副主任。

《悠然自在》楹联书画翰墨缘

——观杨钜恒、林伯禄、杨熙保《建筑三友》画有感

鬱林联中初49班　黄桐华

20世纪四五十年代，鬱林一中在邕的爱好书画的校友郑振瑞、陈璜、杨熙保、谭绍富、梁明珍、陈发诗、李业荣、黎宗何、黄桐华、周慧琴等十余位同学，按惯例于每月最后一个星期天上午，相约集中在广西自治区电教馆大教室举办书画沙龙活动，参加者拿来自己的作品，挂出来让大家欣赏、品评，然后泼墨挥毫即席表演。既是书画艺术的情趣，又是一种业余爱好，同窗情、翰墨缘，乐在其中。

2012年5月27日（星期日），天气晴朗和暖，按惯例我们十多位书友又相聚了。正巧，玉林一中校友美籍华人杨钜恒同学从美国到邕，也参加了书画沙龙活动。贵客远道而来，又是多年不见，大家十分高兴！

杨钜恒同学于1956年考上清华大学，同届考上清华大学的玉林一中学友有林伯禄、温远惠、陈武柱等四人。毕业后各奔前程，陈武柱留清华大学任教，是世界著名的焊接专家，北京奥运会鸟巢焊接

的技术指导。林伯禄、杨熙保是广西首批注册设计师。光阴如箭，不觉已逾古稀，但都还在本职岗位上为社会作奉献。

杨钜恒同学拿出一幅“建筑三友”画配联供大家观赏，并介绍了他们的创作过程。2004年8月，杨熙保（华南理工大学62届土建专业毕业）与林伯禄（清华大学63届建筑学专业毕业）一起到武夷山旅游。回来路上，杨熙保灵感来了，当即出了上联“道途远近逍遥过”，请伯禄对下联。伯禄对诗词对联很感兴趣，也很有研究。他一念上联觉得不得了，完全符合传统对联的格律，严格遵守平仄的要求，更难得的是“走之”偏旁。于是他顺着对了下联“浩海沉浮浪漫游”，对得很漂亮，真是一对绝作。且每字左旁都有三点水。2008年玉林高中百年校庆，钜恒回国参加这次大典，会见伯禄，发现了这副对联，回家之后凭印象书写了这副对联，第二次见面时交给了伯禄。2009年回国时，他发现伯禄已经把这副对联裱好挂了起来。为了使其更完美一点，2011年，钜恒苦思冥想，作了画配联“悠然自在”。这幅画联中间，三只天鹅在湖中自在悠游，十分生动，意境十分美丽，内涵十分丰富，象征着他们的真挚友谊和浪漫人生。这幅画联既是人生的艰苦经历和体验，又是纯真友谊的体现。我站在这幅楹联书画前，让想象自由飞翔。

他们在艰辛的寒窗求学中，真正是“路漫漫其修远兮，吾将上下而求索”。他们努力拼搏，在教师的教导下，发挥他们的聪睿才智，获得丰硕的知识，为实现梦想，夯实了他们的学业基础，尽管“道途远近”曲折却克服万难“逍遥过”，成为同学中的佼佼者。毕业后的那种“尽开颜”的心境，是多么欢欣鼓舞啊！但这只是人生中万里长征的第一步，出了校门，踏入了社会，就像一条小船驶入“浩海”一般。工作中的各种困难和曲折，人际关系的复杂，在“千万不忘阶级斗争”的年代里，不间断的各类政治运动，人生就像一叶小舟在“浩海”的大浪里颠簸“沉浮”，然而他们却以乐观主义的姿态，在大海里乘风破浪追逐漫游，他们是那么从容，心情是那么“乐观舒畅”！他们专致于建设工程的精巧设计，参与描绘社会主义大厦的宏伟蓝图，为共和国大业添砖加瓦做出了贡献。他们是社会的精英！我为有这样的学长感到光荣！那绿树葱葱的背景，那清澈平静的湖面上三只美丽的天鹅在游荡着，是那么“悠然自在”，不就是他们三位学长的影子吗?！夕阳的余晖是那么灿烂，那么秀丽，又是那么安详！这幅楹联画图正是他们心灵的写照，友谊的结晶。我沉醉了！沉醉了！

我灵感萌动，诗兴勃发，作诗一首。

数载同窗友谊悠，　吟诗作对互和酬。
道途坎坷逍遥过，　浩海沉浮破浪流。
处世从容心畅乐，　绘图精巧厦新猷。
高楼拔地丰碑树，　建筑方家誉永留。

在笔会上，杨钜恒学长还即席为每位校友挥毫写了一幅“舞”字。这幅“舞”字，像一位美丽的少女轻盈地翩翩起舞，那“袅袅腰疑折，褰褰袖欲飞”的姿态，有“观者如山色沮丧，天地为之久低昂”之感，看之使人感到乐观愉悦！使人们又产生一番感慨无尽之绮念！有才呀学长！

杨钜恒同学于2012年6月中旬返回美国，告别时我口占一联“但愿夕阳肝胆照，婵娟万里共天长！”以表依依不舍的衷情，并赠两方寿山石篆印，一为名章，一为闲章“翰墨缘”。

鬱林联中学习生活回顾

鬱林联中初中36班　黄伯明

1952年春我到鬱林联中读书，至今已过去60年了，回想当年学习生活，好些事还历历在目。

一

1952年，鬱林刚解放不久，百废待兴，学校办学条件有限。鬱林联中（前身为鬱林联中）有三个校舍，初一我们在一校舍（今玉林三中）学习，生活条件差，没有自来水，只有一口水井，泉水不旺，平时用水就不丰裕，到了秋冬用水就更困难了，往往要排队到井底取水。早餐一般是吃白粥，中餐晚餐也只有每份五分钱的菜，通常是豆芽、豆腐、冬瓜等。初二搬到校本部（东岳岭，今玉林市委招待所及其周边一大片地），36班的教室原是个工棚，四面透风。学校临时将礼堂改为学生宿舍，几百个男生住在一起，厕所离得远，不方便不说，晚上打呼噜、讲梦话此起彼伏，甚是扰人。初三在二校舍（今玉林市委、市政府大院）学习。这里条件有所改善，但用水仍然紧张，秋冬我们需要到学校附近的石窝（人们剥去表土，用炸药炸石头，搬走石头后留下的坑)去取水洗脸、漱口。冬天气温较低,石窝水面往往结一层薄冰,寒气逼人。

二

在欎林联中就读的学生,大都是翻身农民或城市贫民的子女。新中国成立后,政府为这些贫困家庭子女提供了基本的学习条件,满足他们学习需求。同学们十分珍惜共产党、毛主席赐予的这个来之不易的学习机会,生活条件和学习条件差都没有影响学生学习热情和积极性。同学们学习几乎到了着迷的程度,有的同学走在路上还背诵英文单词,有的同学睡觉前将几何、代数某题的已知条件及求证记在脑子里,躺上床后,自己在脑海里演算。这些同学往往在享受成功的喜悦之后安然入睡。

欎林联中有一支政治素质好、业务水平高、事业心强的教师队伍。罗义昌老师是我们36班班主任,也是我们的语文老师。罗老师教学认真,除重视课堂教学外,课余时间又热心引导和指导我们练习创作,写身边的好人好事。记得卜桂湘同学曾以班上一位同学做的事为素材,用小说体裁塑造一个珍惜时间、勤奋学习的学生形象。杨德明同学也曾用漫画宣传班上一位同学的先进事迹,等等。通过这些创作活动,同学们得到了锻炼和提高,同时,对树立积极向上的学风也起了一定作用。罗老师还在政治上、思想上、生活上关心学生,帮助学生健康成长。罗老师曾带领黄书灿等同学,不辞劳苦,徒步到仁东、李达、高山等地家访,了解学生及其家庭情况,与家长沟通,做深入细致的教育帮助工作,收到良好效果。

三

丰富多彩的文体活动也是欎林联中一大特色。体育活动除通常的田径、球类外，体育老师还教授一些新项目。印象较深的是教我们打垒球，同学们觉得很新鲜，很感兴趣。学校实行“劳卫制”，要求学生各项体育项目达到一定指标。同学们体育锻炼热情很高，他们根据兴趣和爱好，组织体育锻炼小组，互相帮助，每天早晨，操场上到处是学生体育锻炼的身影。

每逢重大节日，鬱林联中往往举行文艺晚会，平时还有会演。演出的节目普遍受到同学们的欢迎。36班演出的舞蹈《福建采茶灯》给人们留下了深刻印象。该舞蹈由卢在新同学执导，班上八位女同学参加演出，乐队有黄书灿、李烈昭、苏宠桂、陈齐智等十来位同学。演出非常成功，受到全校师生热烈赞扬，并被指定多次到县礼堂为鬱林县第一届人民代表大会代表演出，为鬱林联中赢得了荣誉。

四

鬱林联中为学生德、智、体全面发展提供了基本的物质条件和较好的软环境，培养了大批合格毕业生，为鬱林经济社会发展做出了积极贡献，在群众中享有很高声望。我本人作为较为偏远山村贫农家庭的孩子，在老师教育培养和同学的帮助下，有了较大进步，我被选为鬱林联中学生会主席，并荣幸地和黄俭校长一起当选鬱林县第一届人民代表大会代表。

鬱林联中为我以后的学习和工作打下了良好的基础。我衷心感谢母校。

注：黄书灿、杨第劲、陈美玉等同学为本文提供了意见和建议。

愿母校兴旺发展

郁林联中初52班　钟孝晄

我是由郁林四中在1954年并归县联中的53届52班男生钟孝晄，州珮人。记得当时副校长是黄俭，教导主任梁祖进，班主任、数学老师唐萃桂（福绵人），语文老师周贤监，体育老师韦俊茂。1956年秋我从母校联中毕业后，参加中考，被玉高录取了，后因经济拮据，改读桂林冶金专科学校，1960年在该校毕业后分配到地质队工作。1983年获地质工程师职称。曾参加过广西特大型平果铝土矿、天等县东平大型锰矿床的报告编写、储量计算、资料审查工作，任计算组长；对卫星照片、航空照片的判读、解释有特长，可做区域规划、城建规划、找矿、农、林估产等；对数学地质、电子计算机亦较为精通。

我之所以有一点点为祖国服务的本领，是与母校的园丁们辛勤教导分不开的。1954年我所在的一年级学期结束时，获奖前十名学生中我是其中之一员，获奖条件是各科成绩平均分数在95分以上，我是联中的优秀生之一。20世纪50年代时，母校学风特好，文体活动亦搞得好，经常有体育竞赛、体操表演、文娱晚会等；课余有画展、米丘林活动小组等。记得我们在李牧老师的辅导下，曾用鹅蛋与鸡蛋进行无性杂交，取得了成功。1956年中考前，在老师的指导下集中在西望桥头校舍里进行复习，毕业班的同学个个都异常认真。八月份中考揭榜时，考取玉高、各中技校的人数很多，升学率达90%以上。这是母校的骄傲。我们母校桃李满天下，许许多多的校友当时成为当之无愧的时代的栋梁。

钟孝晄：1939年5月出生，鬱林联中52班男生。贵港273队工程师。

花样年华　如歌岁月

——就读一中的点滴回忆

鬱林县第一初中 57 班　朱光葳　李世泽

我们是 1954 年秋季考入鬱林一中的。那时全鬱林除了鬱林高中外，只有三所初中（鬱林一中、鬱林二中、鬱林三中）。因此，竞争相当激烈。好在那时中考不是统考，可以自主选择报考的学校。当年朱光葳就报考了鬱林一中和北流中学，结果两所学校都录取了，他自然选择了读鬱林一中。

1952 年以前还没有鬱林一中，当时将城区内的各所中学（包括民办中学）全部合并，组成鬱林联合中学（联中）。1952 年后，又将联中更名为鬱林一中，蒲塘中学更名为鬱林二中，石南中学更名为鬱林三中。

1954 年我们入学时，鬱林一中有三个校舍，校本部在橙子岭（即原玉林地委院内），一校舍在城内上文场（即现三中），二校舍在大市场与牛圩之间（原鬱林中正中学校址）。我们一年级共 9 个班（56 班至 64 班）。到了二年级时（1955 年秋），学校又进行了调整，将鬱林一中拆分为一中和四中，我们54级的9个班分成两部分，第57、58、60、61、64五个班，改为第7、8、9、10、11班留在一中搬到校本部；第56、59、62、63四个班，留在一校舍更名为四中。

当时，鬱林有了四所初级中学。鬱林第一初中（橙子岭），鬱林第二初中（蒲塘）、鬱林第三初中（石南）、鬱林第四初中（文场）。我们毕业后，一中又搬到现在的校址。

整个一年级，我们是在一校舍（文场）度过的，那一段时间生活是非常愉快的。全年级9个班，除了我们这些顺利地从小学升入中学的同学外，还有一些因战乱耽误了学业解放后才复学的同学。所以年龄相差很大，从十一岁至二十多岁的同在一个班读书。但是大家团结友爱、互相帮助，相处得很好。那时候伙食标准很低，每月伙食费4元钱（每天三餐伙食费共1毛8分钱），每周只有星期五晚餐可以加点菜（四五片猪肉），其余都是青菜和白菜。全校同学不分男女基本青一色光脚上课，只有晚上下自修后才拖了木履去水池边冲好脚回宿舍睡觉。因为住校同学很多，学校水井供水总不够用。因此，大家都准备好木桶储水，以备早上洗漱用。于是，每天下午下课后，同学们都要到很远的地方（如禾塘地、南街龙井、州珮的几个水井等）去挑水。到了冬天，鬱林城区的水井更缺水，贪近的同学只好下到井底，用口盅一点一点装到木桶里，装得大半桶后，由井面上的同学吊上来。而不怕远的同学，则到南流江去，洗衣、洗澡之后，再装半桶水回来。个别家庭困难买不起木桶的同学，早上起床后，只好求别人“施舍”两口盅水，用于刷牙和洗脸。尽管生活很艰苦，但是大家学习都很认真勤奋，心情也十分愉快。

那时候，少先队活动很多，整个年级是一个大队，经常组织课外活动。61班的何志富参加生物小组活动，在辅导老师的指导下，用他的手做样板制作了一个腊像标本，送到全国少先队活动展览会展出，获得了一等奖。1955 年的六一儿童节，县里举办少年运动会，我们全年级的少先队员(全大队共 100 多人)组成郁林一中代表团参加。除了参赛的同学积极上场外，全体少先队员在大本营做后勤工作和啦啦队，大家团结友爱，群情激昂，士气高涨。运动会结束时，我们除了囊括大部分奖牌外，还捧回了团体荣誉奖。

1955 年秋，我们进入二年级，少先队的活动更多了。全校少先队还是编为一个大队，那时郑翠英是我们的大队长，朱光葳是大队旗手。我们成立了红领巾农场、红领巾歌舞团和少年足球队，活动丰富多彩。红领巾农场种有水稻、青菜，养有小白兔，还有米丘林小组和气象站。红领巾歌舞团排练节目，组织晚会，张曦的独唱和苏昭芳的大头舞都是非常受欢迎的。米丘林小组在老师指导下，搞月光花与红薯藤嫁接，结的红薯相当大；用本地蕃茄(俗名金吉子)与外来蕃茄嫁接，结的番茄又多又大。

学校也组织各种运动队，如田径队、体操队、篮球队、少年足球队。那年朱光葳被选为容县专区少年体操队员，到南宁参加全省少年运动会，更是令大家非常羡慕。

1956 年郑翠英退队了，朱光葳被推选接任大队长工作，同时还由大队部推荐加入了共青团(当时还称新民主主义青年团)，接着他代表郁林一中参加了全县首届“三好学生”代表大会。

1956 年 7 月，大队部组织一次全校少先队的暑假夏令营，地点在 183 医院旁的岭头。因为想把活动搞得更有声有色，大家建议借用部队的军用帐篷宿营。由于朱光葳曾经当少先队代表向修筑黎湛铁路的铁道兵献过花，与他们还有点联系，因此，他主动请缨去部队联系，结果真的借回了几个军用大帐篷。参加夏令营的少先队员学习解放军叔叔，背着行李，列队步行出发。队伍喊着口令，唱着歌，很快便到了183医院旁的山头。都是少年，不少还是家中的娇娇仔、娇娇女，走路是有点累了，但大家情绪高昂，欢喜雀跃，放下行李，七手八脚就把帐篷支起来了。安排好铺位后，大家便分头筹划晚上“夜战”“摸营”的计策，真有说不出的快乐。

不知是乐极生悲，还是天有不测风云，到了晚上，突然刮起了大风，下起了暴雨，大家草草支起来的帐篷被吹得七歪八倒的，雨水都飘进帐篷里了。遇到这突然的“横祸”，大家有点慌了手脚，不知如何是好。这时，大队辅导员当机立断吹哨集合，组织大家马上转移到山下的183医院去。医院的解放军叔叔一看这群红领巾都成了“落汤鸡”，既狼狈又可怜，马上安排了几个大房间，把大家安顿好。经过一番折腾，我们放下铺盖便呼呼入睡了。第二天早上醒来，大家面面相觑，真是哭笑不得。早餐完毕，留下十来个同学善后，大队伍便无奈地打道回府了。我们后来的人生中，经过的风雨更多了，但有了少年时的洗礼，再也不会惊慌失措了。

1957年，我们顺利毕业了。可母校留下了我们的欢声笑语，留下了同学的缘分，留下了师生的情谊，留下了我们的少年足迹。时隔半个多世纪，我们的同窗之情一直在保持和延续，对老师的思念一如既往，对母校的敬仰与感恩也时时刻刻存在。回忆是愉快的，回忆是难忘的。年华如花，岁月如歌——我们在郁林一中三年的生活。

朱光葳、李世泽：郁林一中初57班校友。朱光葳是广西大学教授，李世泽是广西电影制片厂副导演。今二人已退休。

忆昔盼远

——恭贺母校玉林一中90周年寿诞

鬱林县立第一初中54级第10班学生 谭锦华

锦旗光辉耀四方

玉林一中好母校。好学校、好老师、好班级、好家乡，这是我半个世纪魂牵梦绕的地方。我面前摆着鬱林一中54级第10班毕业照片，56位少年青春焕发，十余位同样是青壮年的校领导和老师们端坐其中，照片前排是七面锦旗，锦旗上清楚地标示"向科学进军""向自然进军""1955年××运动会第一名"(两面)"第二名"(两面)，中间是"发××精神募捐××"的大锦旗。这些锦旗记载着学校老师的辛劳，凝铸着师生的心血，彰显着园丁们的辛苦栽培，桃红李硕，喜悦万分。看着照片，我不禁浮想联翩：想起了青少年时三年鬱林一中的欢乐岁月；想起了老师们、班主任、班集体；想起了温暖的鬱林一中；甚至想起了勤快亲切的厨房师傅们。总之，鬱林一中，我们青少年的摇篮，无论我们离乡多远，她无不时时刻刻惹人怀念。正是：

锦旗熔铸母校恩，德智兼优耕穑频。
大厦参天根牢固，红桃硕李谢师殷。

烛光璀璨暖心房

我们的班主任文中老先生如今年已98岁高龄，依然健康矍铄。文老师多才多艺，关心学生，无微不至，视如子女。他领导班干，把班级整治得团结向上温暖如家。学生有困难，不能继续读书，他就利用星期天带班干和学生爬山坡过田垌走远道去动员解决他们的困难；助学金不能满足要求，他就别出心裁，组织班级储蓄小组：动员有汇款的学生把汇款存到生活委员手上，暂时没钱交伙食的同学向生活委员借，存钱的也逐个星期向生活委员领取。这样互通有无，互助合作，终于解决了困难。这创意像汩汩清泉润泽了困难学生枯竭的心田，使他们思想得到升华。经过一系列熏陶，有不少同学飞快进步，因而加入了青年团；全班同学德智体全面发展，毕业后56人先后有五分之二考上玉林高中，有不少读中专和技校，在各个岗位上热心地为人民服务。这56人中有全国著名的炸药专家，有在医学、教学、行政、工农商等各行各业出类拔萃的人才。有了成绩，个个都念着文老师的好。“一日为师终身为父”，千日为师代代不忘啊！正是：

沥血呕心着意施，甘泉汗水育桃枝。
三千硕果辉南北，阁上凌烟吐气时。

有方教学恩情重

鬱林一中的老师好，好在互相切磋，互相帮助。我听文老师说，他刚从别的单位调来学校时，不熟悉业务，老教师们就从备课开始，一步步教他，他的教学终于从陌生到熟悉，到得心应手。当初，他毫不避违地对我们说他备课就像“煨(烤)红薯,煨熟一截吃一截”(同科室的老师启发他懂得一课,备好一课上一课)。耿直如此!

我们的科任老师好啊,好得学生不用复习也能考上好分数。记得有一次班里科研小组领导大家种的多穗玉米收获了,煮熟后在教室正要分享时,地理老师郭明先生笑眯眯地踏着上课铃声进来了,学生们不好意思地向他微笑,他按按手示意大家慢慢用,吃完再讲课……哪知玉米吃完了,他老先生不讲课,要我们拿纸出来,要课堂测验。这突然袭击以为难倒大家了,偏不,第二天试卷发下,个个都是好成绩。老师和学生心中有数,平时郭老师的启发教育把国内地理环境、气候特征陈述得通透,学生记得一清二楚,所以他的学生随时随地都能经受考验,考出好成绩。正是:

教学有方随意抒, 得心应手兴游余。

铃声突发请休息, 不舍依依盖起书。

一人举旆共争光

我们的钟老班长作古已经许多年,他年长我们几岁,进初中时是班里唯一的共青团员,自然是文老师的得力助手,又是我们的老大哥。他凡事都为我们着想:同学家境困难,没伙食费了,他就利用星期天带那同学去做零工,磨剪刀,拉板车运东西,筹钱来交伙食费;调皮的小同学想打架不上学了,他就守在路口拦截阻挡“押送”回校;学校开运动会,他就带头跑步运动,参加比赛。在他带动下,个个争先,班里一面面锦旗就是这样夺得的。刚入校时,第10班团员仅仅钟班长一人,整个年级只有几人组成的团支部,他硬是细心艰苦做思想工作,结果三年毕业时全班56人就有20多人入了团,其中不少是家庭出身不好的,有了团员身份,升学就业就大开方便之门了。我工作后问班长:“在校时您真大胆,出身不好您也敢培养他入团?”他回说:“都要给人家一条生路嘛!何况解放前大家都是小孩子,懂什么,能有什么罪过?”一语惊醒梦中人,好班长心肠这样好!正是:

心血费尽带头奔, 学高品尚有心人。

三年好事能舍己, 江畔南流永记君。

坦道铺成信马缰

鬱林一中以前在碧清如镜的南流江畔,老鬱林高中正对面。鬱林高中是鬱林一中学子朝夕向往的学府。当年在操场运动时,人们就心心向往鬱高学府,后来很多人果然达到目标,甚至踏入高一级学府深造。几十年后个个都事业有成,孙贤子孝家和顺。可见人要有远大志向,始能达到初衷。正所谓“欲穷千里目,更上一层楼”是也。

玉林一中如今在清澈见底的清湾江畔,环境优雅,条件优越,年轻学子攀越高峰的条件比我们当年好得不知千万倍,正是:“阳光坦道路铺成,信马由缰天下行”之时,寄语少年们努力吧!

谭锦华:鬱林一中54级第10班学生,广西区党校教授,除上好课外,还自创新的诗词教学法。

师恩难忘

鬱林县第一初级中学 54 级第 10 班　蒋承炜　唐典杰

1954 年秋，我们能考上历史悠久、师资雄厚、学风淳朴、环境优美的玉林一中，感到非常荣幸；特别是得到而今健在、德高望重、年已 98 岁高龄的文中老师亲自教诲，更使我们终生难忘。

严师慈父两兼之　关心学子尽心力

修长的身材，慈祥可亲的面孔，一双充满智慧的眼睛，这就是我们的语文教师、班主任文中老师。别看他上课很严肃，要求纪律严格，课余却常找同学谈心，了解我们学习和生活上的困难。同学们有什么事也喜欢向他诉说，从中得到激励和帮助。

那时是新中国成立初期，大家的生活都困难，每月六七元钱的伙食费都很难交上；有的同学每周只好从几十里路农村背米来食堂搭伙，没钱交菜金就吃白饭。困难所至，个别同学的学习提不起劲，甚至有退学念头。文老师了解这些情况，一面安慰同学的情绪，一面约几个同学步行几十里路，到农村的同学家里走访，家长深受感动。经济太困难的同学，文老师了解实情，就积极向学校反映，为他们争取微薄的助学金，使其完成学业。如陈桂铭同学，父母早逝，家中只有一个大哥，虽然参加工作，但负担重，加上大嫂有重男轻女思想，不愿支持她(按当时家中有人参加工作的不能申请助学金)，文老师几次和她大哥沟通，感动了他，大哥决心把烟戒了，余下每月几元烟钱给她交最低档的伙食，使她能坚持到毕业。

文老师常常教育我们要精诚团结、互相关心、互相爱护、互相帮助、共同进步。他以身作则，言传身教。有同学病了，他问寒问暖，同学吃不下饭，他还亲自煮粥给生病的同学吃，使同学十分感动。如周泽涵同学，因病半个学期不能来校上课，文老师亲自登门安慰；周同学病好后，为了不辜负老师的期望，把功课赶上来，便自动放弃一个假期的休息，来校补课，最终顺利毕业。

璞玉雕磨识巧匠　英才培育赖能师

文老师上的语文课深受同学们欢迎。由于他历史知识丰富，古文底子厚，引经据典，语言精炼，如果把他讲课内容做成笔记或许是一篇好文章。他讲的课生动活泼，讲到难记的语法时，循循善诱，旁征博引，多选正反例句，让学生自行判断，开发学生智力。批改作文，他能做到文从句简，一语中的，字字珠玑，褒贬中肯，令人赏心悦目。

文老师论文凭，他未读过中学。但是，他能够驾轻就熟于中学语文讲坛上驰骋几十年，且在一中和名山高中长期担任语文教研组长，说明他深得老师和同学们尊重和爱戴。他常说要给学生一碗水自己必须有一桶水，所以他每晚挑灯夜读，认真备课，倾注了一生心血。他自强不息的勤学精神，永远是我们学习的榜样。因此，有不少同学虽未能继续升学，走上工作岗位之后却能通过自学成才，有所成就。如班里有位周姓同学初中毕业后做了农村小学数学教师，他不甘落后，自学高等数学不断提高教学水平成绩卓著，后来升任教中学和师范学校，并成为该地有名望的数学老师。

文老师注重对学生的德智启迪，他一生淡泊名利，乐于清贫，品行高洁，堪称典范，是我们永远学习的榜样。在他言传身教、潜移默化的影响下，同学们也自觉要求自己，规范行为，做一个品学兼优的人。文老师常以范仲淹《岳阳楼记》中的名句“先天下之忧而忧，后天下之乐而乐”教育我们走向社会不论为官作民，都要一心为公，为民着想，勤奋努力。所以，不但要珍惜今天的学习机会，将来走向社会还要勤奋钻研，为国为民做出更大的贡献。就是同学们毕业了他还不忘教诲我们，毕业时文老师赠给同学很多诗，现摘录其中两首，如下：

其一

如今建设突如飞， 正是男儿为国时。

数理农文皆有用， 学而时习勿相违。

其二

娇娇诸君健欲飞， 今朝惜别意迟迟。

他年北上京城日， 告捷毋忘报尔师。

可见老师对我们的期待以及师生情谊多么深厚啊！

欣看桃李芬芳盛，鹏飞凤舞报师情

文老师从教四十多年，教的学生一班接一班，正是：当年梁上含泥燕，而今枝头变凤凰。他的学生，大多已年过古稀，小的也已是知天命之年。大鹏已展翅，龙凤已呈祥，英才辈出，人才济济。有的成为专家、教授、老师、工程师、医师、军官，有的走上领导岗位，厅处局级干部不少，大家在工农学政军各条战线上都能为国为民做出贡献。

正是：春风着意为甘露，桃李有情果满枝。

更可贵的是同学们都不辜负老师期望，一心为公，正直不阿。有付出就有回报，几十年来同学经常探望老师，问候他的健康。远道返乡的同学，百忙中也要去看望老师。同学们常为他做生日，特别是2005年秋，老师九旬大寿，同学们自发组织，在振林宾馆，为文老师做寿庆宴会，有历届的学生百多人参加，从北京、广州、南宁、柳州等地回来。祝寿会场布置得热烈典雅，大厅醒目对联是：巧匠雕成时代瑰宝，能师培育世纪英才。会场挂满同学们的贺诗贺词贺信及书画作品，五彩缤纷。这么多学生自发组织的，为九旬高寿老师开这么隆重的寿庆，玉林市还是史无前例吧！难忘恩师，情真意切。会场上同学们争相演讲，感谢恩师教诲，汇报工作成果，情景感人；夕阳红歌舞团自发演出歌舞，为生日助庆；玉林市教育局和学校送来生日花篮，《玉林日报》、玉林电视台报道和播出盛况，轰动了玉林。会后，还出版纪念册《今朝共话一灯前》。

锻炼按摩淡茶饭　养生有道福寿长

现在文老师已近百岁高龄，大家很关心他的情况，我们近来拜望了他，虽比以前瘦了，听力也不如从前，但他每餐二两半米饭，清淡略有荤腥的原则不变，每天坚持上下午各100次俯卧撑，坚持早晚自我按摩，坚持看报学习。他的养生之道最重要就是心理平衡，到了老年，他是“事因知足心常乐，人无所求品自高”。文老师养生之道也是我们学习的榜样。我们有这样的老师，这样高寿的老师是值得高兴和自豪的。

值此玉林一中九十大庆之际，我们祝愿母校更加发达兴旺！

祝伟大光荣的老师们健康长寿！合家幸福！

蒋承炜、唐典杰：二人皆为鬱林县第一初中54级第10班校友。蒋承炜，国家有突出贡献学者，是高能炸药专家。唐典杰，自行车总厂技术人员，1994年退休。

点燃青春梦想的地方

——回忆母校玉林一中

鬱林一初中54级第57班 杨业林

我心中的歌

在人生的历程中，永远铭记在心的，是生养我的父母和家乡，是教育我的老师和母校。没有父母和家乡，我不能生长在这世上；没有老师和母校，我将愚笨而且很难成长。

今年11月30日，是母校玉林一中九十周年诞辰。我身为玉林一中的学子，虽已年逾古稀，仍因玉林一中校庆的到来而倍感高兴。忆昔怃今，百感交集，心潮澎湃，喜极而歌。遂将心声写成文字，谱之以曲，成歌《点燃青春梦想》，献给母校，以表感恩心愿。歌词是：

玉林一中是智慧的火种，
点燃了我们的青春梦想。
教书育人，培养天下桃李。
师生同心，攀登智慧高峰。
为国为民贡献力量。

玉林一中是岭南的一颗星，

照亮了我们的前进路程。

不畏艰险，我们勇往直前。

展示自我，更要超越自我。

成就梦想，创造辉煌。

鬱林一初中曾有三个校舍

1954年，鬱林县的初中，只有3个学校：一初中，在玉林城区；二初中，在蒲塘；三初中，在石南。

当年一初中的校舍有3个：校本部设在“独立营”，即玉林市一医院的对面；一校舍，设在文场、马王庙、赤帝宫故址，现在的三中；二校舍，设在东校场。校本部只有宿舍，没有教室。

1954年，我从古定小学毕业，报考一初中，荣获录取，编入54级57班。当年，鬱林一初中招生9个班，班序从56排到64。一年级是在一校舍学习和住宿。教室临街，其后是大厅和宿舍，再后是操场。

1955年夏，鬱林第四初中从一初中分出成立，招收一年级新生，校址是一中的一校舍，即文场、马王庙、赤帝宫故址。四中的二年级，取自一中54级9个班中的56、59、60、64这四个班。余下的57、58、61、62、63五个班，作为一初中的二年级，班名依次改为7、8、9、10、11班。当时，我们二年级上课的教室，在东校场的校本部，宿舍在“独立营”的二校舍。

当年，一初中的校本部，就在现在的玉林市政府大院。1958年，容县行政公署搬到玉林，改名玉林行政公署，占了一中的校址和玉林高中的操场。一中只能移师西望桥，即一中现址。玉林高中则在其北面，围占名山村的一大片水田和坟地建操场，即现在玉林师院西校区的操场。

当时,一初中的校园宽阔,有一个大操场。操场的中央是个椭圆形的空间,外围是标准的400米跑道,中央是个标准的足球场。操场的北面是校门口。校门前是玉林至北流的公路。操场的东北面有一幢两层办公楼,西北面是一大片大叶桉树林,与玉林高中的操场相接,没有围墙。

操场的南面是教师宿舍,都是矮小的平房。操场的东南面有多栋单层教室,每栋有3个教室。当年,第7、8、9班的教室同在一栋,第10、11、12班的教室同在另一栋。

距教室不远的东南面,有一栋两层的学生宿舍。男生住一楼,女生住二楼。距学生宿舍不远,是学校的厨房和食堂。食堂办公室是两间小房子。每周的菜谱都上墙公布。扣肉和豉汁排骨,是同学们最喜欢的菜。

当年的一中,没有体育馆,运动场地都是露天。篮球场、排球场、单双杠、吊环都在室外。那木质乒乓球台也是摆在教室的外边,任由风吹雨打……

尽管鬱林一初中校舍简陋,但它在我们的心中,却是那样的美好。

老师的音容在我心中

那时候,师道尊严。老师在学生的心目中,崇高美好,慈祥可亲。时隔59年,老师的音容,仍在我的心中。

杨熙海、梁树宝两位老师,担任第7班班主任。梁树宝是英语老师,当年不开英语课,他便教语文。"脖子上的安娜"是他朗诵课文时留下的感人之语。他的长女,就叫梁安娜。

杨熙海老师教平面几何。上课时,他用三角板在黑板上画平行线和垂线，给我们留下很深的印象。

刘唯成老师教代数。他留给我们最深的印象是：他右手夹着香烟，仅用左手就能扶住“牛头”（自行车车把），骑着“黑加路”自行车，准时来到教室门口。

钟泽芝老师教“动物学”。他讲草履虫和鸟儿飞翔时“减轻体重”的故事，在课堂上引发大伙欢快的笑声。

冯汉清老师教“植物学”。他讲到玉林的“鸡谷籽”无论怎样天旱，也要结籽延续后代。他在讲台上需要低着头，从眼镜的上方才能看清学生。他的眼神，一直留在我们的记忆中。

梁文通老师教图画。他创作了一本连环画，书名《美丽的箱子》，获稿费 500 元，买了一辆飞鸽牌自行车。他用玉林话创作的两首歌“圳俸”和“你人去努力”，在学生中一直传唱至今。

蒋承聪老师教音乐。他选教的歌曲是那样的动听易学，而又富有教育意义：咔格得咯古老森林，有一股清水泉，又澄清又干净又清凉又甜美，好一股清水泉啊……森林中来了一位汲水的小姑娘，打扮得又整齐又漂亮又大方，好一个小姑娘啊！打扮得虽然整齐，生长得虽漂亮，弄脏了清泉水，使别人不能饮，就不算好姑娘啊！

徐燕光老师的摄影，给我们留下了美好、珍贵的照片。第 7 班少先队的照片，就是徐燕光老师 1954 年秋的杰作。

郑维明老师教体育。他头戴白帽，胸前挂着哨子，来回奔跑于篮球场和足球场上，汗流浃背。学生在他面前，都毕恭毕敬地尊称“郑老师，您好！”背地里却叫他“高佬郑”。他身高虽不及姚明，但也不会低于一米九吧！

第 7 班的少年足球队

一中的文娱体育很活跃，运动和活动的项目很多。学校组织有篮球队、排球队、足球队、乒乓球队、体操队、歌舞团。各班都有相应的组织，拔尖者，选入校队。

体育课分小组活动。男同学分成甲、乙、丙组，女同学为丁组。

第7班的男子丙组，自行组成少年足球队。少年足球队的参赛人数不是11人，而是9人。守门员、前锋、中锋、左右锋各一人，前卫、后卫各2人。我是右锋，李世泽是前卫，朱光葳是守门员。

少年足球场比标准的足球场小。在一中操场中，椭圆形跑道内的空间便是足球场。由大径所成之长方形是一个标准足球场；由小径所成之长方形是少年足球场。少年足球场的球门，比标准球门小一些、矮一些。

我们的少年足球队没有专职教练，郑维明老师是我们的教练。

足球训练包括体能、速度、技能和战术等方面。技术训练是带球、传球、接球、截球、头球、射门等项。我打右锋，需左右脚都能射门，特别要加强训练左脚踢球的力度和准确性。

训练时间是下午的活动时间，星期日的上午常用于比赛。有班间比赛和校间比赛。我们队参赛，胜多负少。

我们班的甲乙组，重在参加篮球、排球训练，很少踢足球。我们丙组重在足球，篮球、排球训练较少。我们少年足球队曾与本班的甲组进行两次足球赛。甲组同学牛高马大，体能好，速度快，但基本功太差，两次比赛都输给我们。

足球运动对于增强体能和锻炼意志很有好处，我们受益匪浅。

第7班少年先锋队

我们珍藏有一张59年前的少先队照片。这是1954年秋徐燕光老师给我们拍摄的，地点在一校舍操场边。

照片中，有吕伯钦辅导员和9个少先队员。他们分别是李世泽、朱光葳、杨业林、吕伯钦(辅导员)、蒋孝恩、何科绵、黄希珍、郑翠英、周惠琴、霍毓芳。郑翠英是少先队大队长、第7班班长。

少先队有特定的活动。举行少先队活动时,要系红领巾、穿队服、执队旗。

少先队员要学会敲打“洋鼓”。六一儿童节、运动会或其他集会,少先队敲打着“洋鼓”,走在队伍的前面。

第7班少先队组织各种各样的活动。有一次是到名山乡腾阳村的“挂榜山”,采集“矿石”标本,采得不少“浮水石”。还到附近的村庄采集各种各样的标本,加深对植物、动物的认识。少先队还参加“米丘林小组”,学习嫁接技术。

第7班少先队的9个人,都用功学习。1957年的中考,郑翠英是保送生(可惜因体检未能升入玉林高中,但她仍圆了大学之梦,在南宁市劳动局副局长职位上退休),其余8人成绩优秀,7人被玉林高中录取,1人被中专录取。

选拔人才　成就梦想

玉林一初中的教学和管理水平高,文娱体育活动很活跃。许多同学的球类、歌舞和琴棋书画技能,都是在玉林一初中打下基础。

文娱体育活动都是有组织地进行的,有班、校两级组织。班队的拔尖者,选入校队。校队的培训,都有老师指导,训练严格,出了不少人才。

1957年夏,我们即将毕业,技艺类中专提前到玉林一初中选拔人才。乒乓球队选了曾传强。经培训选拔,他进入国家乒乓球青年队。后来,他成为“国内球员战胜世界冠军容国团的第一人”。因扭伤了腰,改当国家青年队教练、国家女队教练,培养出邓亚萍等多名女子世界冠军。

民族器乐方面，选了拉二胡的庞国权（第7班学生）。他后来成为广州冼星海音乐学院作曲专业副教授。歌舞方面，选了学校舞星刘海清（第7班学生）。她后来成为美籍华人粤剧团的名旦。

1957年中考，玉林高中仅招生4个班，约200人。中考平均成绩排名，玉林一初中第一。按玉林高中录取的人数排名，玉林一初中第一。温继英中考成绩第一名，她是玉林一中第9班的学生。

编入玉林高中77班的47名新生中，就有37人是玉林一初中54级学生（其中，玉林一初中毕业的25人，玉林四初中毕业的12人）。蒋承炜、冯丽英、杨倩芳、林峻芳等，是其中的出类拔萃者，他们后来的事业都很有成就，业绩辉煌。蒋承炜在高能混合炸药研究方面有重大成就，贡献突出，受到邓小平、杨尚昆、李鹏、王震等党和国家领导人的接见。

初中教育是高中教育的基础。没有初中的优质教育，就没有高中的优质教育。当年，如果没有玉林一初中的教育培养，我们就没有升学玉林高中、进入大学和后来的事业。

玉林一中是点燃我们青春梦想的地方，也是成就人生梦想和创造辉煌的起点。

杨业林：鬱林县第一初中57班学生。玉林师院教师，1995年他的字块码计算机汉字输入方法及键盘、二笔码计算机汉字输入法及键盘、中式103健计算机键盘获国家立项发明专利。

初中岁月　校史钩沉

郁林县第一初中18班学生　李光炎

说真话，我在玉林一中读书三年，过得平平淡淡，表现平平常常，甚至体育“劳卫制”补考几次才通过，连我自己都觉得自己平平庸庸。有歌曲唱道：“平平凡凡才是真。”那么在玉林一中90周年校庆之际我就再讲几句真话吧！

一、东岳校区三年回忆

我是1955年秋季入学的，当时郁林一中未有高中部。这一年招生共8个初中班（12－19班），我在18班。17、18、19称为“红领巾班”，我们三个班不少同学还戴着红领巾进校园，辅导员是唐忠群。我们班一年级、二年级、三年级的班主任分别是蒋承组、莫忠春、文中。

东岳校区分东、西两片，东片为橙子岭、泉圹村一带，东邻“新生”劳改队。西片为东岳岭，因地基不稳，这里“联中”时代的大楼教室和宿舍搬走，只剩几排平房的教师宿舍和学生宿舍。东片的校园建设有：办公大楼、一个400米跑道的大操场。1955年中国人民解放军授予军衔后的阅兵式就在这里举行，我们在教室里远远可以看见一排穿着绿色和蓝色制服、戴着肩章和勋章的军官站在办公大楼的阳台上。东片的建设还有教师宿舍、男生宿舍、女生宿舍、六排平房教室，一排3间（至今在玉林市委大院还可以看得见当年的两排教室，现已改建成职工宿舍）。北门为正门，面对玉林高中的角楼。西门简陋，作为通往西边学生宿舍和教师宿舍的通道。南门设计堂皇，但实际上不通行，住了杨达文、陈业基等四户人家。

据说当时的鬱林一中是鬱林县教育界的“长子”，领导的力量和师资的力量最强。1955年秋，调来了一位区委书记“老革命”的陈世铨当校长（这是他后来的事了）。也在这一段时间，鬱林一中分为一中、四中，黄俭到四中去当主持全面工作的副校长（因为他不是党员）去了。1959年我已读玉林高中，暑假时，黄俭作为玉林地区教育局教研室主任，主持全地区的教师业务学习，我作为勤工俭学的学生到这个学习班“打杂”，与黄俭共事一个月，知道他是百色人，曾就读中山大学，解放鬱林时，他与岳平一起来接收鬱林高中。从我的接触中，黄俭是个好人，业务水平高，待人诚恳和善。由于他的人缘很好，据说1978年后他调离玉林返回百色时，玉林的学子、朋友为其盛宴饯行多日，成为当时玉林传颂的佳话。

玉林一中的师资力量很棒。语文老师有陈德仪、刘欣、李伟诗、覃子旺、顾振吕、龙盛鉴等；数学老师有杨家礼、黄世娣、袁成中（几何讲得很好）；英语老师有刘唯诚（业务水平较高）等；胡烈讲的历史课很精彩；陈业基当时就给我们示范人造地球卫星的模拟飞行；植物老师钟泽芝能开“两味”中药；动物学老师冯汉清上动物课幽默风趣；画画“脱纸”的谭垂明、梁文通（居士）；刚刚从厦门大学毕业、风流倜傥的陈采富，在当时就有不少“粉丝”；体育老师高老郑（郑维明)、高老覃(具体名字已不记得),还有余隆基(划了右派,儿子余成才不能读大学,这是后话);仪表堂堂的音乐老师蒋承聪;教导主任有陈世蕃、杨达文,之后有陈雪帆、霍业芬;团专干周国兴,文校医、护士苏姑娘;还不能忘记的两位工人师傅:伙房厨师S和敲钟的二叔。

1957年"反右"开始,我亲眼看到了当时的大字报,何副校长首当其冲,被划了右派。我旁观了一场辩论,正方是陈景富、李光惠,反方是梁经雄、杨盛清。记得其中有一个论题是关于"农村合作化"。今天我还要讲真话,据我的亲身经历,我认为互助组好,初级社好,高级社太急,转得太快,所以影响农民的生产积极性。那时我心里暗暗同情梁和杨的"谬论",最后的结局是梁和杨不能升高中。

1958年初"大跃进"开始,一放寒假我就作为回乡同学上了三和水库工地,主要干的活是挑泥方,填土坝。那里最有专利价值的发明是"活动钩",冠名的有"穆桂英队""黄忠队""薛仁贵队"。我是当时庆丰大队这个"民兵营"年龄最小、个子最小的,所以有时队里照顾我给我安排发工牌这类轻松的活。但我也曾经"大干苦干",连续加班冒雨干了26小时。当时的三和村很小,能安排民工住的地方就很少,普遍都睡稻草地铺。我们回乡同学来了后连地铺都睡不上,就只能睡在别人的竹片床或木板床底下。铺上稻草后,与床板的距离大约四五十厘米,这也不要紧,反正累了,"钻"进去就能睡着。不过,吃饭管够,如果大队民兵营超额完成土方任务,偶尔还加菜——每人一大块红烧猪肉。当然,我真的亲眼见到了不经请假"逃跑"之后被绑回来的民工,对他们的惩罚是,捆着宽松的绳子挑泥方以示众,只给吃白饭、不给菜。

二、亲临其境至今难忘

——大“宿舍”里呼噜声。1955年秋入学时，我们一年级8个班的男同学就住在由饭厅改造的大“宿舍”里，匡算一下，大约有300多个小伙子。麻烦很快就出现了：有一个同学睡觉时真是鼾声如雷，而且他很快就能入睡。同学们受此干扰睡不着觉，睡不着心更烦，三百多号人都受折磨。有同学想了个办法，在他的床底设计一个“机关”，即组装一块活动小木板，上铺同学牵着绳子。当他的鼾声一响，睡上铺的同学就拉绳子，敲击他的床板发出“嘭嘭嘭”的震声。然而这也不行，因为他醒了，多数同学也被震醒了。后来，大家慢慢地习惯了，他“唱”我也“唱”，形成呼噜大合唱。

——吃饭盼着二叔公。二叔到底姓甚名谁，同学们不知道，但个个亲热地称他“二叔”。他是个和善、勤劳并受人尊敬的老头。他一年四季、白天黑夜干的就是“敲钟”，为全校传递作息的信号。那时候，这一大群青年男女都长身体、消耗大的时候，菜的油水不多，饿得特别快，都盼着吃个午饭、晚饭（早餐是每人洗漱之后把口盅送到自己班的餐桌上装的白粥），盼着二叔敲的那声钟声。特别是节日加菜，大家很“守纪律”地围在食堂外围翘首以盼。有的同学则看着二叔是否从他住的“门口房”经过大操场。当二叔走上挂钟的高处，“铛”的一声响，人们“哗啦”就冲进去，喜滋滋地捧起用饭盅盖着的“美味佳肴”。

——运动场上怕露水。在校期间，除了下雨，每天都有个必修课——早操。夏天可以打赤脚，但到了秋天冬天，总希望有双鞋。然而“爹爹钱少不能买”，母亲给我做布鞋，穿在脚上，暖在心头。但可怕的是秋天冬天早操时，操场的草地常有露水，布底鞋踏上去就湿了，露水渗进去，冷呀！可是冷还不能喊。所以，在每天早操整理队伍听“一二一”的时候，我就“祈祷”：别走狗屎运——停在一片有露水的草地上。后来，我利用假期在老爹指导下种蔬菜，蔬菜成熟后，我们三更起床拔菜，放进冰冷的水塘里洗菜。收拾完毕，老爹在前面拉板车，我在后面推车，但布鞋还是舍不得穿，清晨光着脚走在沙石路上，那真是“上刑”哪！卖了菜，换了钱，高高兴兴买了一双“江牌”的解放鞋，用今天的话讲，我可“奢侈”了一回。

——午睡如同吃“补药”。第二学年，学校要求同学们睡午觉。为了做好睡午觉的思想动员工作，教导处副主任陈雪帆做了一番演说，大意是：睡午觉，是学校作息制度之必需；睡午觉，就是守纪律的表现；睡午觉，全校安静老师能好好休息；睡午觉，如同吃一付补药；不睡午觉，就是慢性自杀（说到这里，他的声音提高八度，还摇头晃脑一下）。我听后觉得在理，于是午饭之后，赶紧在水井边冲洗那双光脚板，穿着板鞋回去，然后马上上床。此时有调皮蛋大声喊：吃补药啰！是的，今年我72岁了，血压、血脂、血糖都正常，2012年3月还到江西省讲学，八月、十一月、十二月分别参加全国、全区学术研讨会，并在大会上思维清晰、中气十足地作了发言，其中一个关键的因素，就是几十年牢记着“吃补药”，尽可能坚持着午睡的习惯。

——请假如过“鬼门关”。在校期间有个制度：凡离校都要请假，星期天回家也不例外。特别是到了三年级，星期天请假回家就感到更难过关。其实，星期天我回家主要目的是等家中父母筹集那一元二角钱（每天伙食费两角）带到学校里来，顺便也干点农活，最幸运的是母鸡下了蛋，“改善改善”伙食。那时我真正感觉到班主任“脸难看，话难说，事难办”。他第一句话是：“这一周你又请假？上周你不是回去了吗？”接着又说：“毕业班了，要考高中了，还不懂得抓紧时间？星期天更安静，好好复习嘛！让别的同学帮你把钱带来行不行?”对这一连串质问,我只能唯唯诺诺,连说“是是是”。可是沉默了一阵,班主任也明白了我固执的劲头,接过我的请假条,在上面像“鬼画符”一样画了个“准”字和签名,接着他又做我的“思想工作”:“星期天晚自修之前要到教室,不能迟到,听到没有?”我连说:“听到了。”离开班主任的房间,我真是如释重负,一阵风就回到宿舍打点“行囊”。说真话,当时我并不是怨,更不是恨的感情,班主任也是为了我考上重点高中,但我总是“怕”,一到他宿舍的门口,我就“足将进而趑趄,口将言而嗫嚅”。

三、“育真”精神受益平生

“育真”(玉林一中)精神是什么?这是应该归纳总结的精神成果。依我之见,应该是:刻苦勤奋,严谨求真,自强不息,积极上进。我本人几十年的学习领悟和工作成就,正是得益于这种精神。

——我勤奋,不偷精学懒。无论是在校期间,还是在工作单位,我总是兢兢业业地学习或工作。所以,我孜孜不倦地学习,手不释卷地读书,真正做到“不耻下问”“开卷有得”,过着“万卷古今消永日,一窗昏晓送流年”(陆游诗)的日子。在就职的工作单位,我爱岗敬业,忠于职守,把热心献给社会,凭自己的本事和勤奋“吃饭”。比如1974至1979年在罗城县革委会写作组、宣传部工作的几年,换了一任又一任的领导,当时我还未入党,但都留住我。为什么?因为我的本职工作拿得起,干活从不偷懒。1980年调到广西自治区党校,我也是一如既往地干好本职工作,所以多次评为“先进”、评为“优秀”。

——我刻苦,不贪图安逸。我是农家子弟,吃点苦不算个事。在玉林一中这三年,我也是苦中来、苦中去。孟子说得有道理:“生于忧患而死于安乐。”所以我以吃苦为常,以吃苦为乐,以“苦尽甘来”的道理勉励自己。求学期间，我常把星期日改为星期七；大学期间，我常去图书馆、资料室熬过；在桂林（广西师大）读书时，我常在街上的旧书摊里“淘金”，在收购废旧的小贩手中买旧杂志（论斤称，少花钱），甚至跟着小贩到他家里去买便宜的古旧书；我为了剪贴报纸资料，常常翻找垃圾箱里的旧书旧报，同宿舍的同学要借阅我的剪贴本，调侃说：“要戴口罩（脏的意思）。”1980 年调到自治区党校之后，我的目标更加明确，发奋图强，自强不息，除了年三十的春晚陪陪家人，初一稍稍走动之外，从初二开始我又在办公室“干活”了。毫不讳言地说，我获得国务院特殊津贴专家、广西自治区优秀专家的荣誉，2012 年评为国家二级教授，这是干出来的，苦出来的，拼出来的。

——我自强，不畏逆境磨难。1968 年 10 月 31 日我毕业离校，分配到罗城县。到县里后很快就“发配”到农场劳动锻炼近一年，但我从不气馁。回到罗城后，安排在一所小学“戴帽”的初中当数学老师，我边养病（肺结核），边教书。后来，我因“文化大革命”被蒙冤，但在此期间，我照样锻炼身体，乐观面对现实，按时坚持服药，两年多“出来”后，我的肺结核病灶居然完全消除了。落实政策后，我回到原单位罗城县革委会工作，我珍惜已经白白浪费的两年时光，常常以歌德的名言激励自己：“凡自强不息者终能取胜。”由于奋力拼搏，我终于在全国领导科学界占据了一席之地，受到同行的尊重，现在的职务是中国领导科学研究会学术顾问，广西领导科学研究会名誉会长。

——我思索，不循旧规。做学问，可贵的是创新，是善于思考，是提出人人欲言而未言者。这一点，我努力去做。所以，在全国领导科学界较早撰写了一些理论著作，提出了一些原创性的理论观点。比如,1988年我主编具有创新意义的《竞争论》专著,否定学术界一贯认为的竞争限于私有制条件和经济领域的观点,提出了关于“竞争”的新的定义;2008年我在《领导科学》(核心期刊)著文《改革开放:加快中国领导科学学科建设的契机》,这是揭示“改革开放与领导科学发展的内在必然联系”的第一篇文章;2002年针对社会上把高学历神圣化的弊端,我在《领导科学》明文提出“学历是过去时”的观点,主张对党政领导干部的使用更应注意“有学历论不唯学历论,重在真才实学,重在解决实际问题的能力”;2007年提出“事理学”的概念,比较完整地阐述了有关办事道理的“事理学”的构建;等等。

——我求真,不讲假话。从1974年从事宣传理论工作开始,我做的工作基本上就是写文章、讲课和做报告,要写、要讲,就要亮出自己的思想认识、理论观点。为了紧跟当时的形势,我也曾经无奈地从报纸上刊物上选择理论观点去写、去讲。从当时来看是没错,但过后再看就是笑话,这样的笑话我也曾经有过,这是每一个搞宣传理论的人常常碰到的问题,责任全不在我。1978年十一届三中全会以后,我把握住自己,我的文章(报告),必须求真务实,必须讲实话,讲有生命力、经得起时间(至少30年)检验的话。假话,我绝对不说,言不由衷的话我顶住不说,明知不合情理的话我“沉默是金”。我多为老百姓讲话,力争讲大家都能接受的真话。最好的证明是,我在2004年出版的专著《领导科学纵横论》之“领导成败论”一章中,明文指出:1945年9月党中央抽调十一万人的军队和二万干部进入东北,建立了战略基地;1947年7月以主力打到外线去,挺进大别山,这种表述实际上说明,所谓“挺进大别山”是揭开了解放战争的序幕,这不符合历史事实。近年来我出版两本文集:《李光炎集》《三十春秋云和月》，朋友们看后评价说："三十年之内不过时。"

细细想一想，以上五点体会，恰恰与"育真"精神相一致。想到这一点，我就感到莫大的欣慰，再次感谢母校培育我成长。

李光炎：1955 年入学，国家二级教授，国务院特贴专家，广西优秀专家，中国领导科学研究会学术顾问，广西领导科学研究会名誉会长，广西区党校行政管理教研部原主任。

我的父亲

鬱林县初中55级16班 梁建华

我的父亲叫梁瑞祯，他于1912年出生在广西鬱林县小平山乡党州村。

1925至1931年我父亲在鬱林县省鬱高就读初中和高中。由于父亲平时勤奋学习，刻苦钻研，因此学习成绩优良。所以高中毕业后，于1932年又以优异的学习成绩考上了广西大学理化专业。到了大学后，我的父亲更加努力学习，他的学习成绩在班级中总是名列前茅，经常得到老师的好评和学校的奖励。当父亲读到大学四年级时，由于家中人口不断增多，再加二伯去世，读书人又多，经济开支太大，家里的经济开支支撑不了我父亲的学习费用，因此父亲只好向学校提出申请休学。后来校长知道了这件事，感到很惊讶，便找我父亲谈话，校长对我父亲语重心长地说："瑞祯同学，你这样的高材生由于经济困难被迫休学实在太可惜了，最后只有一年，你有什么困难要多与老师和学校商量，学校会尽力想办法帮你解决，学业一定要完成。"说着，校长便从抽屉里掏出一包银元要交给我父亲，并对我父亲说，你要克服困难，现在我给你五千元大洋银，你拿回去用吧！艰苦一点也要坚持完成学业。我父亲向校长深深地鞠了一躬，然后上前从校长手中接过了银元，并连声地说："谢谢校长，谢谢校长！"当时我父亲激动得流下眼泪，依依不舍地离开了校长办公室。这件事是父亲去世十三年后他的同学李治都医生告诉我的。1975年的某一天我到医院看病遇见他，他听说我父亲被害死后对我谈及父亲的这个往事。李医生感到父亲这么有才能，平时对人又很和善，竟然得到这样的结果，实在太可惜了。

我父亲得到了校长的资助，解决了生活上的困难，从此更加刻苦学习，争取以更优异的成绩报答校长的恩情。大学毕业后，父亲回到郁林县后，从1947年8月11日至1955年8月20日在郁林县立初级中学任教。在教书期间，我父亲总是兢兢业业地工作，刻苦钻研业务，把自己所学的知识一丝不苟地传授给学生。由于他平时认真备课，在课堂上又能把知识讲深讲透，学生听了他的课感觉到很满意，每一节课都能完满地完成教学任务。我父亲虽然去世了50多年，但得到他教诲的学生，现在碰见我，总是在我面前称赞他，说他教学有方，讲课不拖泥带水，上下课非常准时，虽然他没有手表看时间，但他比戴手表的老师更准时。又说他在生活上非常俭朴，平时很关心学生，经常深入到学生中了解学生教育学生，因此学生总是对他念念不忘。我想我父亲在天堂上听到学生对他的称赞，一定会感到非常欣慰，我代表在天堂上的父亲谢谢哥哥姐姐对我父亲的一片怀念之心。

梁建华：玉林一中初中16班学生，玉林职校退休老师。

母校，我为您高歌

鬱林联中48班　阮少芳

我是鬱林一中48班学生(1953年入学)是广西区妇幼保健院退休的妇产科大科主任(主任医师)。回忆初中时代，我一生难忘，是师长们谆谆教导，教我如何做人，教我文化知识。为我指路，使我从一个无知的女孩成为能为广大妇女防病治病的医师。我的病友遍布世界五大洲，遍布广西乃至全国各地，经我接生的小孩有的已成为博士研究生，成为各行各业的栋梁。母校，是您教育我们要“德智体”全面发展，我多个学期被评为三好学生，第三学期时被评为县级三好学生。在文化知识和体魄上打好坚实基础。至今我已是古稀年龄，但还能发挥余热，为病人防病治病，必要时还可以上手术台做手术，解除病人痛苦。这与母校有密切关系，因为我是妇产科医师，特别体会到母校的伟大。您60年前就从源头上抓好了青春期妇女生理卫生工作，这是当时和今天很多中学做不到的：

1. 我校有女生辅导员岗位，有专门的女教师兼职做女生工作，从生活和心理卫生上指导学生。(组织上)

2. 聘请当时知名妇产科专家陈少刚给女同学讲青春期生理卫生课，不至于使少女在月经初潮时惊慌失措，遗患终生。（普及心理卫生知识）

3. 在东郊场校区，女生宿舍与医务室、厕所之间盖有茅草房一间，里面备有高锰酸钾药水（外用消毒药水），女同学每月有五张热水票，可到老师用的热水池要热水再去取高锰酸钾药水洗下身。（经期卫生保健）

4 新中国成立初期，不像现在有卫生巾、护垫之类。那时，月经纸是黄色粗糙的不消毒草纸，医务室的老师们就用脸盆盖脸盆，烧柴火消毒一些纸质比较柔软的沙纸，发给女同学把消毒的沙纸匀在黄色草纸上，垫月经纸用。（经期卫生保健措施）

5. 女同学月经期报告体育老师，不做剧烈运动。（经期保健）

这些因陋就简的看起来很简单的事，保障了女生的经期卫生，得益的不只是当时她的一生，也包括她的家庭幸福，更是关乎国家民族繁荣昌盛，利在千秋，是贯彻落实国家对妇女“四功”保健政策的具体表现。母校了不起，党和国家不会忘记您，学生不会忘记您。这是学生为您九十华诞做的汇报，为您高歌。

阮少芳：鬱林联中初中48班校友，原为区妇幼保健妇产科主任。

歌声勾起的往事

鬱林县第一初中19班 周成祚

“让我们荡起双桨，小船儿推开波浪……”每逢听到这首歌，就会使我想起1955年秋季学期起在鬱林第一初级中学第19班学习和生活的情景。四十多年过去了，许多往事都随着冬去春来，风风雨雨，冲淡了，遗忘了。唯独《让我们荡起双桨》这首歌，却陪伴着我走过了少年时代、青年时代，直至现在步入老年时代。

《让我们荡起双桨》这首歌，我清楚地记得，是刚上初中一年级时，班主任陈德仪老师利用文娱活动、课余时间，集中全班同学一句一句地教会我们的。他一面打拍子，一面教一面跟随我们唱，很认真耐心地教会我们。今天，他虽然已经离开了我们，但当年的音容笑貌还历历在目，记忆犹新。

我们班的同学来自玉林城区、名山、茂林、城西、城北、南江、仁东、仁厚、城均、樟木、福绵、新桥、石和等乡镇，个别来自广西藤县和河北省保定。大家同学习，同生活，和睦相处，相亲相爱，犹如兄弟姐妹一样。我们班是红领巾班，好学好动是这个年龄段的特点。上课时，同学们认真听课，积极回答问题，每逢老师提问，大学都抢着举手，争取回答问题。记得有一次，是文校医上卫生常识课，其中有一次提问，文校医让举手的吕佰才同学回答，他站起来一时答不上，文老师先让他坐下来，接着说："有勇气，给两分。"教室内哄堂大笑，久久不能平静。当时，什么都是是学习苏联老大哥的，例如学校的办公楼、教室都是苏式结构，学制是苏式的，分数也是仿苏的五分制。五分为优秀，四分为良好，三分为及格，刚才提到的两分和一分为不及格。至今，同学们聚会在一起，闲谈中还常常提起许许多多初中时的有趣的往事。

同学们的课外活动是丰富多彩的。比如来狗（或叫打狗），我们班男女同学都爱参加。游戏时十多个人平均分成两队，一般情况是男女混编。在教室旁边的空地上画一个直径约一米大的圆圈做"狗窝"，参赛同学人手一根一米多长，直径 2—3 厘米的木棍或竹棍做"狗儿"，参赛两队中一队为守方，一队为攻方。比赛开始，先由守方把狗儿从狗窝赶出，攻方想法把狗儿赶入狗窝，一攻一守，以攻方把狗儿赶入狗窝为胜。同学们玩得非常投入，非常开心，有时棍棒误打在脚上，也顾不上疼痛了。通过打狗活动，既丰富了文娱生活，也增进了同学间的团结协作和深厚情谊。我们班的同学根据兴趣、爱好和特长，组成文艺组，有二胡秦琴、笛子，课余时间合奏或独奏一曲广东音乐，别有乐趣；美术组则开展写生、临摹等；养殖组进行养蜂、养兔的实验；农技组则搞月光花与红薯藤嫁接，玉米授粉、南瓜授粉增产的实验等。

我们班的男同学特别喜欢踢足球。每当天气晴朗的星期六傍晚，吃完晚饭，我们班留在学校的男同学会不约而同地集合在足球场，我们在小足球场上分成两队，尽管无裁判，无球鞋、球衣，我们赤着脚，光着上身，只穿着短裤，在小足球上你来我往，横冲直撞，踢得汗流浃背，气喘吁吁，兴高采烈，竟不知时间的流逝，直踢到月亮当空照，到学校领导、值日教师，或学生会干部出面叫停，大家才依依不舍，意犹未尽地离开足球场。

“让我们荡起双桨……迎面吹来了凉爽的风”，是歌声把我拉回到40多年前的初中时代，让我由衷地感恩母校，感恩老师。值母校九十周年庆典之际，衷心祝愿母校日新月异，为祖国培养出更多的方方面面的人才。

周成祚：1955年鬱林县第一初中学生，毕业于广西师院（今师大），分到广西南宁郊区党委、河池市人民法院，后调回玉林，在玉林三中任书记，后又调到玉州区教育局任职。

天山脚下访恩师

鬱林县第一初中56级23班　杜昆明

刘欣老师20世纪50年代在玉林一中任教，1956年，我在一中23班就读时，她是我们的语文老师，又是班主任。刘老师是北方人，讲的是一口纯正的普通话。而我们班全是玉林人，讲的都是玉林土话。这样，师生之间的交流与沟通按玉林坊间的说法，是“鸡同鸭对讲”——难。刘老师为了教好学生，硬是学会听懂了部分玉林话。于是在课堂上，老师用普通话提问，学生用玉林话回答，交流与沟通，总算进行得下来。可是，刘老师不满足这种现状，她要求同学们大胆学讲普通话，不管是在课堂上回答问题，还是在班会上发言，一律说普通话。刚开始，同学们的普通话很“嗅青”，带有不少“玉林调”，常常引起笑声。刘老师鼓励我们坚持下去，不怕难为情。她的语文课讲得非常生动，我们都爱听。除了学习课文，同学们也学习她的普通话。久之，我们班的普通话水平有了一定程度的提高，在年级的普通话比赛中，我们班的得奖率占了相当的比例。后来，我在工作中行南走北，特别是拍电影这个以纯正普通话交流的行当，我都能以较纯正的普通话应付自如。为此，我常常在内心念想，要不是刘老师当年的教导，我到现在还在说“嗅青”的普通话，不知要丢多少脸啊。

刘老师不但关心我们的学习，关心我们的进步，还关心到学生的家庭。她对农村学生的家访，使人感动，令我至今难以忘怀。记得有一次她要到平志、广恩、坡圹的同学家家访，我幸运地给她带路并兼小翻译。当时没有什么交通工具，全靠两条腿走路。刘老师是北方人，带一副近视眼镜，斯文而秀气，在城里的大街小巷或北方农村的平坦乡道步行，应该没有问题，可在我们玉林乡下半泥半水坑坑洼洼的小路上走，对她来说，太难了。可刘老师硬是走了一村又一村，精神饱满地看望了一个又一个学生的家庭，拜访了他们的家长。她的家访，让同学和他们的家人十分感动。在返回途中我们师生二人边走边聊。看着脸带倦容而心情舒畅的老师，我佩服她不畏辛劳的精神。她给我谈了很多人生的感言，其中的一段话，让我至今牢记心田，至今难忘。她说：“一个人身处逆境时，要笑对困难，笑对人生；当身处顺境时，要防止骄傲自满，得意忘形。”老师这一教诲，在我成长的道路上，起到非常大的作用。

可惜，由于种种原因，刘老师在1957年离开了玉林一初中，离开了我们这班学生。“师恩难忘”，数十年来，我们班的同学一直惦记着刘欣老师，每当同学聚会，都会谈到对刘老师的思念，“刘老师啊，您现在在哪里？玉林一中23班的学生想念您！”大家总盼着有一天能见到日思夜想的班主任，重听她的教诲。同时约定，不管谁见到刘欣老师，都要代23班的同学向恩师问候。

幸运再次降临到我的头上。1987年，我们广西电影制片厂拍摄故事影片《强盗与黑天鹅》，外景地在新疆。而我，有幸参加了这个摄制组。之前，我已得知刘欣老师在乌鲁木齐当中学老师，具体在哪间中学任教，没人清楚。摄制组抵达乌市之后，我便急不可待地到乌市教育局查询。得到的答复是，刘欣老师在乌鲁本齐市一中任教。我高兴极了！一别30年，我就要见到久违的恩师了！

按响门铃，房门打开时刘老师便站在我的面前。身材依旧，鬓染霜花，脸添细纹，容颜稍老，隽秀儒雅气质不减。我赶紧问候："刘老师，您好！"她略显惊奇地看着我这不速之客："你是……""我是您当年的学生，玉林一中的杜昆明。"老师一听，一把拉住我的手，高兴地说道："哎呀，是你呀！快，快进屋，外面冷。"说着把我拉进客厅，然后站在我面前，手扶我的双肩，笑着说："来，让老师看看！"说着，用慈母般的目光，从头到脚看了一遍说："你看看，从毛头少年长成男子汉啦，一时哪能认得出来呀！"然后指着沙发："快坐，我给你倒杯水喝。"我赶紧拦住："这怎么可以，哪有学生让老师倒水给喝的道理，要是天上雷声一响，我躲都没地方躲。"老师笑了："还是你们玉林那套礼节。放心好啦，乌鲁木齐的冬天不会打雷，何况你是从远方来的客人嘛，总要喝杯水的。"我赶忙说："我不渴。刘老师，在您的面前，我永远是学生。要说倒水，应该让学生倒给老师喝才是。"老师拦住我说："好啦，我们别抢着倒水啦，坐下聊吧。"

坐在沙发上，我向老师汇报了我这些年的成长历程。老师听后，高兴地说："好呀，有出息！既是体育工作者，又是电影工作者，不错嘛，老师为你感到高兴！"我说："谢谢老师的鼓励，我取得的点点成绩，都与老师当年的教导分不开。您当年的教诲，一直激励着我，直到今天，才有机会向老师面谢！"刘老师笑笑道："这是你努力奋斗的结果，愿你今后更上一层楼！""谢谢老师！"此时，我向老师发出了邀请："刘老师您有空的话，到南宁来玩吧。到时，我陪您回玉林转一转，到一中看看。您走后，学校搬到了西望桥畔，校园绿树掩映，一江如带相伴于旁，景色比原来校址美多啦，现在还成了初高中都有的完全中学。原来23班的同学要是见到您，他们都会高兴得跳起来！”老师一听，慢慢站起来，沉思着说：“是呀，一别就是几十年，对当年的学生，我也想他们啊！”我一听，看出了老师的心意，便说：“那就来吧，刘老师，到时，23班的同学会盛情款待您的。”刘老师高兴地说：“只要一见到他们，我也高兴呀，师生也该有重逢之时嘛！”然后又深有感触地说：“人生就是这样，重逢——分别——再重逢。看来，我们也该在玉林重逢啦！”

不知什么原因，刘老师没有回到久别的玉林，现在事隔多年，不知老师情况如何，是否健康快乐，是否知道同学们还在期盼着与她重逢？我只有默默地祝福老师健康长寿，晚年幸福！

杜昆明：1956年就读于玉林一中初中23班，1960年招入广西跳伞队，1961年入国家跳伞队。1964年10月和1965年9月两破1500米集体综合定点跳伞纪录，受周总理接见。

玉林一中琐忆

玉林县第一初中校友　谭爵金

地处鬱林镇东郊场的鬱林联中，于 1958 年 8 月迁往庆丰地段的西望桥头，自此易名为玉林第一初中，再易名为玉林第一中学。

玉林第一中学位于玉贵公路之北边，“品”字形的三个校舍坐落于丽江之畔，为江水所环抱和贯串，由四条木板大桥所连接，其中一校舍（校本部）紧靠玉贵公路，二校舍（埌坡）接邻庆丰村，三校舍与江岸村毗连，整个校园占地估计不少于百亩（包括劳作场地）。

1958—1962 年，曾有高、初中 33 个教学班，学生达 1700 多人；教职工共 125 人，其中厨房工友达 20 人。

一中领导各司其职，狠抓教学带好头。每个领导除了深入一个科组外，还亲自担任主课：校长陈世铨代一个班的物理课以及兼任一个毕业班的班主任，其目的有三：第一，领导带头挑重担；第二，蹲点做样板，以点带面；第三，总结经验，为培养学生骨干，发挥班干的班主任助手作用，使学生自己管理自己。其余的领导除了总务主任处，其他的都分别担任了语文、数学、英语等科的教学。为了培养和提高教师，每学期内领导都分阶段逐科听课，事后又及时召集任课教师进行总结。教导主任杨达文，每学期期末都对各班主任所写的学生评语过目、提出意见、组织经验交流等。各科组举行公开课、研究课，在事前正副校长、主任都是参加集体备课，提出主攻方向，事后又如开师生座谈会，书面测试检查学生的学习质量。进行了再次的课堂质量分析后，上次没有达到预期目标的，下次再在另一班解决。记忆犹新的是陈校长知识分子劳动化的形象，不管哪个部门，哪个科组，哪个班级，他总是哪里有困难就到哪里蹲点解难。有一次，师生反映后勤中的厨房伙食赶不上要求，陈校长就亲自下厨当工友一至两周，挑柴运木推木车……样样都干，很快地解决了问题。

当时学校领导为了全面贯彻教育方针，德、智、体几方面一齐抓。每周规定了"六个会"：①教师政治业务会；②每周星期一早上的全校师生大会；③党、工、团活动会；④由班主任主持各班班干会；⑤周末班会；⑥科组代表学生座谈会。每个学期举行两至三次全校性的文化课统考会考，两次全校性的体育运动大会，两次全校性的文艺节目比赛演出大会。

还有"六个评比活动"：①文化课质量评比；②体育卫生大评比；③文明宿舍大评比；④先进班级和先进学生大评比；⑤农场劳作大评比。另外，教工方面：有先进教工、先进工会积极大评比，以及先进科组、基组总结评比。

评比激发了老师的干劲，人人争先进，使得比、学、赶、帮在一中蔚然成风。

谭爵金：1958年在玉林县第一初中工作的校友。

敲钟二叔

鬱林县第一初级中36班 陈治发

同学聚会约定的日子快到了。每当这个时候，都会勾起我对初中学习生活的回忆。我常常忆起的，是一位老校工——敲钟二叔。

56年前的1957年，我进入了当时的玉林县第一初级中学读书。我们一年级的32—36五个班被安排在原校址的二校舍，作息信号是手摇铃铛发出的铃声。1958年，学校搬迁到现在的地址，钟声就成了全校的作息信号。钟楼建在蜿蜒流过校园的清湾江南岸边的一幢宿舍的屋顶上，位置是校园的中心。钟一敲响，钟声便会传遍校园的每个角落，并传向四面八方。敲响校钟的就是二叔。

叫他“二叔”，应该是他在他们家的兄弟们中排行第二吧。因为我的同学们都管他叫二叔，我也从众跟着这样叫了。至于他姓什么，叫什么，多大年纪，家住何方，我一概不知。

三年来，我和二叔只碰过几次面，都是在他去敲钟或敲完钟回来的路上。他总是手提一只闹钟，走路不紧不慢。每次碰见我都会和他打招呼，尊称他一声“二叔”，他也总是笑容可掬地“哎哎”回应。

我的印象中，二叔是一个身不高，体不壮，貌不扬，憨厚老实，善良可敬的五十多岁的小老头。

如果有人问二叔工作干得怎么样，我会说和他敲钟一样——响当当！大家知道，学校一年两个学期近300天，不管春夏秋冬，严寒酷暑，刮风下雨，电闪雷鸣，是二叔每天二十多次准确地敲响校钟，让我们按时作息。校园秩序井井有条，二叔功不可没。俗话说：有礼不算迟。当年二叔为我们辛辛苦苦工作，默默无闻付出，今天我在这里真诚地说声："谢谢您，二叔！"我还要说声"抱歉"，因为当年我曾经诅咒过二叔。

那是在夏日的一个星期天下午，我返校的路上。我家住在县城东郊，而学校在县城西边，回校之路要穿城而过。因为没有钟表，无法掌握时间，在路过当年位于现在玉州公安分局原大门右侧的新华书店时，我照例进去看了看时钟。一看不好，离上晚自习的时间只有二十五分钟了。平时走新华书店到学校这段路要半个多小时呢，要赶上时间，晚自习不能迟到。一着急，我撒腿就跑了起来。从下十字街跑到上十字街，向左至旧图书馆，过旧公园，右转到宁屋角。为了缩短路程，转弯时不拐直角而是斜走直线——刚学过的几何定理，两点间直线最短嘛。那年头，街上人少车稀，没有塞车堵路现象，一路通行无阻。这样跑跑走走，走走跑跑，很快就过了回龙桥，已经出城了。眼前这段路，一边是保修厂，一边是大片的稻田，稻子金黄镶着翠绿，美极啦。我无暇欣赏，赶路要紧。

又跑了一段路，远远看到学校了，如果校钟敲响，估计也能听到。"二叔千百万先别敲钟啊，我可不能迟到啊。"因为我曾因自习迟到受过批评，所以很担心。

"当！当！"

“坏了,敲钟了,真是怕什么来什么。”

“叮咣!”

“声音不对,不是校钟的响声。”

原来是从保修厂传出的,可能是敲打轮毂或什么钢件发出的声音吧。

“吓着我了,绊着牛绳当是蛇。”我嘲笑自己。

过了保修厂,路两边都是连片的稻田,视野非常开阔。西边又红又大的太阳似乎跑得比往日快,已经被山头遮挡了一半。我预感上晚自习的钟声快要响了,就想走得更快点,但心急,上身向前倾得过了,脚步没跟上,一个踉跄差点撞上对面跑来的老黄牛。

“嘿! 小子,想跟牛打架吗? 来呀。”赶牛的老头取笑我说。

“去你的,我吃饱了撑的? 没时间理你。”

我提醒自己,要小心点,不要摔跤了。

“摔跤?”我突然冒出一个“邪恶”的想法,“最好是二叔走在去敲钟的路上不小心摔了跤,延误了打钟时间。哎! 不行! 这样就苦了二叔了,你小子也太不地道了,居然诅咒二叔来。”我在心里面责备自己。但是,因为害怕尽到,总是心存侥幸。“要不二叔他抽筋,在他正要登上钟楼楼梯时,一抬脚,突然脚抽筋。一抽筋就得坐下来伸伸腿,揉一揉,缓一缓。缓上几分钟,恢复好了照样可以登楼梯敲钟,或许我就不会迟到了。”胡思乱想中已经走进了校门。好啊,赶了这么远的路,真有点累了,喘口气,放松一下吧。

“当——当——当——”

钟响啦,连着三声慢响,多么熟悉的钟声啊。这可不是保修厂敲打轮毂的声音,确确实实,真真切切,是校园里响起的晚自习的预备钟声。“是二叔敲的,二叔他没抽筋啊!”还好,现在离教室只有二百来米了。学校推行“劳卫制”时，60 米短跑我才跑了 8 秒 8，离正式上课还有 60 秒呢，不就二百米吗，还来得及。不过，可要看好路，跑稳步，不要腿抽筋了，更不要摔跤了。

很快，我喘着气，擦着汗，踏着再次响起的钟声进了教室。

收笔的时候，二叔并不高大的形象又在我脑海中闪现，悦耳动听的校园钟声又在我耳边回响。

陈治发：玉林一中初中 36 班学生。

回忆在玉林一中的点滴

玉林第一初中36班 滕流育

老年怀旧,其乐无穷。惜别我母校已经数载,每当想起在母校的学习生活,心中总有一种难以言喻的激动。

记得1957年秋季,我考进了玉林一中,学习在校舍,开会吃饭在校本部。走进校门,首先映入眼帘的是办公大楼,前面是一片阔大的草坪,每天清晨和傍晚便有三五成群的学生在流连徜徉,一阵阵朗读声传出,宛如一支美妙的交响曲,使校园充满了朝气和活力。现在回忆起初中生活,印象最深的就是同学们在教室埋头学习的景象,几十人的大教室没有一人说话,都在认真地写着什么,只听见沙沙声,大家都专心致志地同时做相同的事情,那种感染力真的是让人无法抗拒的。母校的师资力量很雄厚,教学质量高,治学严谨,一直让你为它感到自豪。

热爱劳动,培养吃苦耐劳的精神,这是学校留给我的一个极为深刻的印象。当时的形势是"反右"运动。有一首歌谣唱的就是:"整风运动大开展,全国人民总动员。反浪费,反保守,鼓足干劲争上游。我们要做促进派,最响亮的口号是:干!干!干!"我一入学的第二年就参加了大炼钢铁运动，去过六万大山煤炭，到过新桥五岗岭运矿石，全民运动除“四害”，下乡帮助农民抢收、抢播、运粮，等等。但在五岗岭运矿石时发生的一件事，使我记忆犹新。

一天，为了找柴火，我们全体男同学都上山去，我和业楣做开路先锋，一人拿着一根棍子，在杂草丛生的荒山野岭上探索前进，谁知不小心撞到了一窝蜂，刹时蜂群四起，满天乱飞。我定眼一看是很毒的地龙蜂，如果被刺中，肯定是红、肿、痛、热，疼痛难忍，我们撒腿就跑，几只地龙蜂凶猛地向我袭来，我马上蹲下去，头上仍被蜇了两下，我感到一阵刺入心肺般的疼痛。同学们用土办法赶快救助，有的去找盐，有的去找竹笋帮我擦伤口，过了一会儿蜂就飞走了。而我的头上却永远留下了两个疤痕。

还有一次是帮医务部门加工草药，砍黄狗头。因我们36班无论在学习上还是在劳动中都是学校的先进班级，形势所逼，我当然也想为班级添砖加瓦，就鼓足干劲砍得热火朝天，看着自己砍得又快又多，我心里暗暗高兴，谁知一不小心砍到了左手食指，我哎哟大叫：“砍到手指骨啦。”扔了刀摁住了手指，鲜血从我的指缝中不断滴下，十指连心，痛彻肺腑，吓得我直哭。班主任蒋承聪教师闻声赶来，急忙去找5%碘酒止血、消毒、包扎，还语重心长地对我说：“任何时候都是安全最重要。”

岁月如梭，往事依旧，中学生活是短暂的，但它对我一生的影响是深刻而难忘的。许多年以来，面对纷繁复杂的社会，在学校教育所形成的人生观、道德观，给了我经受生活磨炼的勇气，也引导我能坦然面对人生道路上的荣辱甘苦。借此母校九十华诞即将来临之际，让我由衷地道一声：感谢您，母校！感谢您，老师！

滕流育：玉林一中初中36班学生。

岁月悠悠世纪情

玉林县第一初中 33 班 钟 健

1957 年 7 月，玉林县上下名小学（名山小学）高五班有 46 名学生参加初考，结果仅有 3 人被玉林一中录取，我是其中之一（另两位是曾祖信和陈策明）。所以，对于母校玉林一中我从一开始就比别人多了一点特别的感恩之情。9 月 1 日开学时我被告知编在第 33 班，班主任是个男的，名叫李炎善。也就是从这一天开始，我便与玉林一中结下了不解之缘。

经过几十年的风雨洗礼，我对于发生在中学时代的许多人、物、事大多已经淡忘，唯独有几个人和几件事至今记忆犹新。

首先要说的是当年的教导主任杨达文和他的夫人苏艺能干事。苏干事那时是一中的图书管理员。本人生就瘦小模样，长得有点可怜，几乎每次去图书馆借书都能得到她的格外照应。谁会想到，这两位慈祥可亲的良师，却从 1986 年夏天开始成为了我的邻居益友。每当我看到两位（平均）90 高龄的老人，手牵着手在小区的树荫下悠闲地散步的时候，不由得又一次使我想起当年去借书的情景。

第3位要说的是副校长何天麟。1957年全国上下正在开展一场轰轰烈烈的“反右”运动。大约在10月中旬的一天，我们全班同学列队从二校舍（曾经的军分区独立营，现在的盛业家园商住小区）走到校本部（原来的地区行署，现在的市政府旧址）去听何副校长作“反右动员报告”。令人意想不到和啼笑皆非的是，做完报告后好像还不到5天，何天麟就被打成了“资产阶级右派分子”。一时间，声讨和批判他的大字报贴满了一中校园。美术老师亦画了不少漫画，对他进行有力的鞭挞和无情的讽刺。

1958年暑假，玉林一中从城东的东郊场搬到了城西的西望桥现址。那一年的秋季学期，由于受到“大跃进”形势的影响，我们大约有一个多月时间不能在校上课。9月25日至10月11日，二年级32—36班全体学生被派往六万大山烧炭。本人因为身体欠佳被老师安排留校值守。9月27日是农历狗年八月十五中秋节，记得我曾跟随学校总务处的工人上街买回月饼让人送往山里。还写有一首小诗，从中可以体现本人当时的心情：

兄弟烧炭六万山， 我人在屋好孤单。
祈祝任务早完成， 一路平安把校返。

从六万大山烧炭回来还不到一周时间，同学们又被派往樟木公社运粮。10月17日至21日，我们使用人扛车拉的办法（木车、鸡公车，没有一辆机动车），从樟木罗田村将几万斤稻谷运往12公里以外的樟木圩粮所。试想，当年只有十四五岁的学生娃娃，头顶烈日肩负重担，气喘吁吁地在一条崎岖不平的山路上艰难前行，那是一幅多么壮观的场景！笔者当时有诗赞曰：

一条大路长又长， 走来许多中学生。
他们入山有何事？ 为夺钢铁赶运粮。

“大跃进”时期发生的事情，决非以常规思维的今人可以理喻。1958年10月23日，也就是我们二年级全体学生从樟木公社运粮回校的第2天，我们又被派往新桥公社新沙大队搬运矿石。即从当地的一个已经挖出所谓铁矿石的小山坡出发，用人工肩挑车拉的办法，将那些矿石运到5公里以外的“东风炼钢厂”（实际上就是几座由农民群众操办的土高炉）。从10月23日至31日将近10天的时间里，我们这帮学生哥究竟跑了多少路，运了多少石头？当时确实无人统计。不过，留给同学们印象最深的是——每天清晨大约5点多钟，就会听到三声凄厉的哨音，紧接而来的是体育老师郑维明特大嗓门的广东白话叫喊声：“玉林一中咯同学起床！！！”对此，有诗为证：

十五十六两头光，　照得大地白茫茫。
朔风阵阵从天降，　清早五点就起床。
为何今日起咁早？　高炉无粮饿得慌。
我们都是支援者，　运矿责任肩上扛。
黑夜当做白天计，　冷天也作暖天当。
大炼钢铁不怕苦，　齐步启程往前闯。

（两头光：1958年10月27、28日，是农历戊戌年九月十五、十六，月圆、傍晚和次日清晨都能看见月亮，民间俗称“两头光”。）

母校从城东搬到西望桥现址的第二年春夏之交，广西各地掀起了一股盛演歌舞剧《刘三姐》的热潮，饱藏文艺细胞和充满青春活力的一中校园自然不能置之度外。1959年春季学期，我们33班同学自制道具和自找乐器，经过大约一个多月的课余排练，为全校师生献演了一场相当精彩的“对歌”（歌舞剧《刘三姐》中的一场），这事当年在学校还真的轰动一时。现在还记得剧中人物的扮演者分别是：

刘三姐邓远明、阿牛哥罗次昇、刘二陈兴汉、莫怀仁陈国懿、管家王统文、陶秀才梁海贤、李秀才钟健、罗秀才杨木成。本人和另外一名同学，还有幸被选入玉林县艺术团，参加国庆期间在刚刚建成的南江电影院（现在的南江人民会堂）举办的“玉林地区《刘三姐》文艺汇演”。

基于对文学艺术的兴趣和爱好，1960年7月初中毕业后，我与邓远明和35班的李楷寿都考上了当年到玉林招生的广西艺术学院（附设高中）。但是，令人失望和惋惜的是，无情的现实最终还是击碎了我们美好的艺术之梦——就在我们3人兴高采烈地到位于南宁市桃源路南湖之滨的广艺附中报到不久，迫于当时国家三年困难时期和大办农业的需要，1960年9月10日广西艺术学院发出通告：当年招收的本科、附高和初中新生一律遣返原籍，支援农业生产。从此，我与邓远明分道扬镳，几十年音信全无。2010年3月5日上午，我终于在玉林酒家举办的一次早茶聚会上，见到了阔别整整50年的远明老同学。望着眼前这位满头白发的昔日刘三姐扮演者，回想起半个世纪以前我俩在南宁黯然分别的凄凉情景，禁不住潸然泪下。在那个十分难得和高兴的相见时刻，我当即吟诗一首，唱赠远明师姐：

三载同窗成学友，　西望桥边友情留。
白驹过隙读广艺，　你我南湖唱晚秋。
别后难觅三姐影，　空遗几多喜与忧。
五十冬春眨眼过，　故里重逢皆白头。
世纪情深再相聚，　欢歌唱响鬱林州。

相聚的时间是短暂的，但同学之间的友谊却地久天长。因为，是伟大的母校玉林一中把我们的心紧紧地连在一起，是几十位辛勤的园丁把我们培育成人。光阴荏苒、斗转星移，人生易老天难老，哪怕是走到天涯海角，我们都为自己曾经拥有同一个母校而感到荣幸和自豪。

值此玉林一中90华诞到来之际，让我们这些来自四面八方的莘莘学子，发自肺腑地轻轻呼喊：

母校，您好！

老师，您辛苦了！

钟健：玉林一中初中33班校友。

回忆母校"特殊年代"的校园生活

——玉林一中八年校园生活纪事

玉林一中59班 钟启泉

按语:20世纪60年代是共和国的"特殊年代"。它的特殊性已载入党史和国史,并见之于中共中央《关于若干历史问题的决议》(即中共十一届六中全会《决议》)。我在玉林一中的中学时代生活,就是在这个特定的年代里度过的。校园是社会的缩影,点点滴滴的校园生活都维系着"特殊年代"的时代印记。1.从时间上说,我度过了八年的中学生活(初中三年,1960—1963年;高中三年,1963—1966年;留校参加"文化大革命"两年,1966—1968年)。这在新中国教育史上是唯一超长校龄的中学生,俗称老"老三届"。2.从空间上说,我经历了新中国最"激情燃烧的岁月"(新中国曾经影响几代人的青年文学作品《青春之歌》和苏联的《青年近卫军》都流行于那个年代),"文化大革命"的红卫兵运动和知识青年上山下乡,形成了新中国有特殊意义的青年阶层,"知青"(包括"插队"和"四乡"青年)成为新中国社会发展史上的特殊群体。我离开母校已经45年了,当年的风华正茂已变成老态龙钟，但回忆和思考当年的校园生活总是有益的，为了纪念，也为了未来。

我 1960 年 9 月考入玉林一中初中部（初 59 班），1963 年 7 月初中毕业后考入本校高中部（高 15 班）。1966 年高中毕业后发生了"文化大革命"。按国务院的通知，全国停止高考，所有高中毕业生就地留校参加"文化大革命"。直至 1968 年 10 月毕业离校，前后总共度过了八年的中学校园生活。这八年的青春岁月和不平静的校园生活，其梦幻人生的唯美境界与惨烈程度，以及特定的历史发展内涵，足可以写一部自传体的小说。但我没有这样的时间和精力，值此母校九十周年校庆之际，把那些尘封的记忆，稍加整理，以示纪念。

六十年代的母校玉林一中，中学时代的同学们

当时的作者

一、初上中学的喜与忧

20 世纪 60 年代的中国社会经典纪实可以概括为四个字：内忧外患。国际上，美国实施冷战封锁、苏联逼债撤走专家；台湾的蒋介石追随美国，在境外叫嚣反攻大陆；国内发生"三年困难时期"，全国

性的政治运动继高举“三面红旗(总路线、大跃进、人民公社)”和“社会主义教育(四清)”运动之后，发生了延续十年之久、史无前例的“文化大革命”。在这样的政治生态和泛政治化的社会环境下，玉林一中的校园生活是异乎寻常的。

喜出望外。我是一个农家子弟，家住当时的名山公社潘岭大队，离母校玉林一中约5公里。虽说只有10华里的路程，但在那个靠步行出门的年代，我离家外出到过最远的地方就是县城，能到县城读书就是我梦寐以求的理想了。我考入玉林一中成为家族内第一个进城读书的初中学生，那种激动和兴奋的心情是终生难忘的；对于只有13岁的我来说，这意味着圆了人生的第一个美梦。我憧憬着独立人生的第一步：从此开始，可以离家进城独立生活了，我将进入仰慕已久的玉林一中西望桥校园，来到许多新的老师和同学们中间，在美丽的清湾江畔读书、生活，平生第一次吃上由国家供应的大米、用上电灯、自来水……总之，升学喜悦之情溢于言表，所以我入学后的第一篇日记的题目就是“可爱的玉林一中”。

安贫乐道。60年代的中学生，入学须带“三大件”(笠帽、铁铲、板凳)，没有现时中学生司空见惯的校服、自行车、旅游鞋、雨伞之类的时尚物品。说来见笑，鉴于当时的物质条件，那时的初中学生根本不知道运动服和旅游鞋是啥东西(当时社会上还没有此类商品)，也没有携带任何塑料、不锈钢和铝合金之类的生活用品(当时的中国还不普及此类轻工产品)，连饭盒都没有。所以初中学生的行李很简单，装衣服用竹笼，回家拿番薯、芋头用网袋，打水洗身、洗衣服用木桶，吃饭用瓦饭盅。三年初中生活，学校学生食堂都是一日两餐，到了读高中之后学生食堂才开设早餐。校园内学生大多穿粗布自织衣服，校门口有4位来自附近庆丰和长其村的老大妈专门为学生有偿服务补衣服，所以很多学生的裤子屁股处都有两个螺纹大圆圈，当时被同学们戏称为旧式留声机唱片的“机器板”。60年代的中学生夏季都喜欢穿文化衫，易洗易穿，校园里出现很多补上接下的“双层”文化衫，当时有个流行语叫做“新三年旧三年，缝缝补补又一年”，一件文化衫都缝补穿几年，足见当时学生生活条件的艰辛。那时候，学生平常在校园内走路穿木鞋，冬天和雨天穿解放鞋，晚上上自修大多数学生是赤脚进教室。那个年代会骑自行车的学生也很少(因为当时农村学生大多数家中没有自行车)，更不知道摩托车是啥模样，校园里也几乎没有学生撑雨伞。即便如此，我上中学的欢喜之情还是掩盖了那些未曾意识到的贫困和落后，跟父辈们一样世世代代安贫乐道，在家“日求两餐，夜求一宿”，农家的孩子外出只要能继续上学就是幸福了。

忧心忡忡。我上中学喜出望外的欢喜之情好景不长，入学以后接踵而来的许多事情，却令我忧心忡忡，不得而解。其中，对我产生影响最深的是三件事：第一件事是入学后连续两个多月参加“大办农业”劳动，连一天课都未上过，我和老师同学们每天都分头到南江新定大队、大市场体育场、牛运岭山地开荒种红薯，大家都十分劳累，身心疲塌，不知道将来学校会怎么样？第二件事是学校根据上级的通知，鉴于全国性的饥荒和物质供应匮乏，宣布停止一切体育运动，校园内所有体育活动场地都翻耕成陇，种菜、种红薯。我平生第一次尝到了“学校不做早操、没有文体活动”的苦恼，而且这种日子还不知道要熬到什么时候。第三件事是随着社会上下放干部职工的潮流扩大，“下放潮”终于涌进校园，我们即将开学上课的前一天，学校根据上级的通知宣布说要下放一批老师、学生回家，这一突如其来的消息震惊了校园。次日清晨，我们在校园“文化走廊”的公告栏里看到了大红榜，下放名单中有钟仕光等四位老师，还有罗达贤等几十位同学，下放的学生都是班上年纪最大的，这在玉林一中校史上是第一次，全国各地的同类事件也是共和国教育史上史无前例的一次。我当时无法理解这眼前的现实，也未曾意识到这是我们这一代人命运坎坷的前兆，初上中学的喜与忧只能埋进自己的心里。

60年代的玉林一中校园坐落在清湾江畔，风景优美

二、美丽校园乡土情浓

田园风光。回忆母校玉林一中，别有一番桂东南田园风光的乡土情趣。我对当年梁文通老师在60年代为美丽校园作画题诗记忆犹新，他配合上课给老师同学们画了一幅栩栩如生、浓墨重彩的水彩画，并自题一首五言短诗曰："青青林薮里，学意正甜浓，此问何所在，玉林第一中"。60年代的玉林一中西望桥校园其前身是早期的玉林师范，这里确实是个诗情画意的地方，令人流连忘返。这地方的很多房子都是新中国成立后50年代仿苏联建筑建设的楼房，黄墙红瓦，园柱走廊，天花板屋檐，与当地城乡结合部的农房相比显得独具一格。那时，从县城汽车总站出城往西走，连成一片的街道和晚上路灯只延伸到汽车总站保修厂，从这个街道和晚上路灯终点到西

望桥头还有好几公里，公路两边都是农田。由于原玉林师范的校舍散落在清湾江畔和绿树成荫的江岸村村头几个地方，所以玉林一中迁至西望桥校园后形成“两岸三地”格局，分为三个校区：校本部、浪坡校区、江岸附小校区。校本部包括办公区、生活区和高中部、初中部高年级教学区；浪坡校区是初中低年级教学区，没有宿舍和生活设施，学生食宿和文体活动都在校本部；江岸附小校区也是初中低年级教学区，但是建有一幢平房宿舍和生活设施，学生住宿和文体活动在校区，吃饭回校本部食堂。

乡土气息。60年代，玉林县（行政辖区包括现在的兴业县和福绵区）总共有八间初中，玉林一中和石南中学是县直属完全中学（包括初中部和高中部），相比之下它们比其他公社所在地的初中在规模和档次上都更完善一些。虽然地处县城，但是玉林一中仍然是一间乡土气息很浓的学校，初中部的学生基本上来自当时县城附近的茂林、名山、南江、仁东、大平山、龙安等6个公社的农村（现在的城北、城西、大塘、仁厚等新设置的乡镇和街道均在上述行政区内），高中部的学生则来自城区和农村初中（玉林县北片的初中生升学后大部分到石南中学高中部就读）。玉林一中美丽校园在我的青少年时代留下了美好的回忆，那时清湾江像个“S”状围绕校园，沿江常年流水潺潺，周围绿树葱葱，江岸村的蕃桃园簇拥沿江彼岸；校园内侧河堤长满了夹竹桃和苦楝树，校园内到处是荔枝、龙眼、菠萝等果树，鸟语花香沁人肺腑；校园主干道穿过“文化走廊”形成中轴线，大路两侧和操场周围是高大的桉树和相思树，这一切造就了宁静雅致、充满诗意的校园环境。我记得位于第四宿舍前面的校图书馆门前和实验室背后，有两棵古老而高大的杨桃树，不仅硕大的树冠形成树荫，每年杨桃开花结果都给师生们一种观尝和美食的享受。

独特风情。60年代玉林一中西望桥校园内共有四座木桥：一条通往浪坡校区，一条通往江岸附小学区，一条通往校本部植物园，一条通往校本部内高中部教学楼和大礼堂(食堂)。后因通往校本部内植物园和高中部教学楼、大礼堂的两座桥属校园主通道，人员流量大，偶尔也出现过学生伤亡安全事故，加之要拦江建坝灌溉附近农田，所以1963年把通往高中部教学楼、大礼堂的木桥改建为钢筋水泥结构桥，桥旁边建了一个拦江蓄水的水坝名曰“进士陂”，桥头的学生洗衣大水池墙上设有一个醒目的墙报专栏，唐敏卿校长给它起了一个典雅的报头栏名叫做“进士陂旁”。这里是校园的十字路口，车水马龙，人来人往，从校园大门口的第一宿舍穿过“文化走廊”，来到这个十字路口，可以直达学校生活集中区第二、第三、第四宿舍和图书馆、实验室；过了钢筋水泥桥，就可以到教学大楼、植物园和大礼堂(食堂)。那时，玉林一中的两个大操场分布在主干道“文化走廊”的两侧，大操场上有栋单层结构且庄严肃穆的房子，那就是学校办公厅；办公厅门口建有一个土墩子，是每周星期一上午例行升国旗和值班校长训导的地方。当时，这里是学校的管理中心，此前的历届校长和教导干事都在这里办公，60年代在此办公的一位老先生——钟业威干事，给历届校长和校友都留下了深刻难忘的印象。钟老先生温文尔雅、和蔼可亲，做事一丝不苟、任劳任怨，在我的印象中他不愧为母校的一个大管家，用时下的话来说他是一个十分敬业和称职的校长助理。回忆玉林一中的校园生活时，总难免情不自禁地缅怀他平凡而不寻常的业绩。

三、风华正茂师恩难忘

感悟人生。中国的圣人孔老夫子说：“吾十有五而志于学，三十而立，四十而不惑，五十而知天命，六十而耳顺，七十而从心所欲不逾矩。”我在母校玉林一中度过的八年，正是我一生中青少年时期的黄金阶段，长身体、长知识、长阅历的人生基础都从这里开始和奠定。从人生的规律来看，青少年时代是用朦胧的视角看待现实和未来，进入晚年则伴随着许多历史记忆思考昨天、今天和明天。我想每个人大体上都应该是这样。我这一辈子最崇尚的座右铭就是：读万卷书，行万里路。如今，回忆青少年时期这个人生的重要起点，我情不自禁感恩母校的各位领导和老师，尽管随着岁月的流逝，大部分教育和引导我和同学们成长的领导和老师已经离开了人世，目前健在的也大多在 80 高龄以上，但老师们昔日的音容笑貌、感人的言行和经典的说事论理，依然历历在目，给我和同学们留下了深刻的印象。

60 年代的玉林一中虽然生活条件艰苦，但师生关系融合

国难真情。我读初中阶段时，正是国家“三年困难时期”，也是新中国物质供应最紧张的时期，国民经济到了崩溃的边缘，人民在饥饿线上挣扎，校园里一片沉寂。那时候，社会上流行着一种说法叫作“鸡干部，鸭工人”（意思是说一个干部、职工的月工资只能买回 1 只鸡或 1 只鸭），所以一些人迫于无奈只好离岗出走；然而玉林一中的教职工们都坚守岗位，共赴国难、为国分忧。当时，学校领导有陈世铨、黄俭、唐敏卿、梁祖进、李史作（教导主任）、梁恒茂（总务主任）等，我的班主任和语文老师有张延华、陈德仪、李科遂（辅导员），数学老师有杨熙康、钟绳基、甘祖琳、邓德芬，俄语老师有钟绍佳、梁

宝钊，其他科任老师还有李史作、李代琳、潘庆权、梁文通、李丽英、杨熙寿、郑维明等，后勤管理人员和职工有谭盛彬、陈东荪、钟业威、包校医、梁恒俊、钟石德等等。三年初中生活，国家遭遇自然灾害和国际封锁，在那物质供应奇缺、生活水平和生活条件极其低下的状况下，老师们哺育了我们这一代人，感人至深。我记得，那几年很多老师都得了水肿病或营养不良症，当时按国家规定中学生每人每月供应31斤大米，国家干部和老师每人每月供应28斤，城镇居民每人每月供应26斤。但由于副食品供应严重不足，农村居民已有很多人靠吃芭蕉心、白头艾和米糠度日，城镇里的机关单位和学校也开始自制"人造肉"（小球藻植物）和自力更生种红薯、种蔬菜自给自足解决生活困难。为此，玉林一中校园内到处开荒种地，种满了空心菜、南瓜、豆腐菜等，植物园里也搞了几个大水泥池养小球藻，以供应食堂作为特别营养品。即便如此，年迈的老师们还是难以支撑，我亲眼看到杨熙寿、黄世悌等一些年龄比较大的老师，拖着浮肿的双腿，摔倒在校园的路上；也有一些老师如植若茁、李科遂等，因为物质供应困难，积劳成疾，过早离开了人世。所有这些至今还留在我们的脑海里，令我们终生怀念他们。

劫后余生。我读高中阶段时，正是国内政治运动推波助澜、风起云涌的时期，真可谓风雨欲来风满楼。这段历史也改变了很多人的命运，包括老师、同学和我自己。当时，学校领导有彭忠、黄俭、唐敏卿、李史作、黎文苏（教导主任）、李子硕（总务主任）等，我的班主任和语文老师有凌勉、吴以华、钟延年，数学老师有李中权、陈治远，物理老师有苏锡葵、吕南清，化学老师有邓贵福、陈旭帆、陈世容，英语老师有梁树宝、林健忠，其他科任老师有何贫、蒋承组、蒋承聪、杨熙寿、郑维明等等。三年高中生活，正是我国走出困难时期的阴影进入经济调整的阶段,但是国际风云变幻和国内形势的发展却令人遗憾,紧接着整个国家又进入了全国性政治运动的漩涡。国际上"反帝反修",中苏公开论战,"九评"苏共中央公开信白热化;在国内,"四清运动"和"文化大革命"席卷全国,校园生活再起波澜。如果说初中阶段的老师们经受了国家"三年困难时期"经济生活的折磨,那么高中阶段的老师们又都不同程度地遭受了国家"动乱时期"个人政治生命的摧残。其中,学校领导在这一阶段中均遭受批斗、撤职和被遣送到石鼓塘"五七"干校劳动。我的三位老师凌勉、刘绍基、钟延年均在"文化大革命"期间被逼害至死,大部分老师尤其是家庭出身不好的老师都受到批斗或不公正的待遇,不少老师"文化大革命"期间被遣送各地、失去正常工作或生活保障。尽管随着历史的发展,那场浩劫和灾难已经离我们的时代愈来愈远,但作为学生和后一代,我和同学们永远缅怀昔日老师们在逆境中的育人之恩。

故土师恩。说到师恩难忘,60 年代的玉林一中迎来了首批印尼归侨学生,这些印尼华侨的后代回归故土,在新的环境中接受教育和成长,他们的人生道路比我们更曲折,他们回顾中学时代的生活,更加倍感师恩难忘。如今,在我的记忆中对母校 60 年代新鲜事件的特别印象,难以忘怀的事情之一,就是玉林一中于 1960 年首次安置的这一批印尼归侨学生。他们都是当时印尼"排华"造成大批回国华侨的子女,每个班都安排了几名男女学生,我们班上来了六位归侨同学(吴秋荣、谢奋彬、韩文珍、林美芳、黄玉燕、黄英民)。印尼归侨学生的到来打破了校园昔日的平静,他们从国外带进来的生活用品和生活习惯,让我们这些农村学生大开眼界。60 年代的中国工业一穷二白,没有化纤、塑料、不锈钢、马口铁等原材料制成的日用品,所以我们是从印尼归侨学生中第一次看到人字拖鞋、水晶眼镜、化纤布料衣服、不锈钢饭盒和刀叉用具，既感新鲜也觉得好奇，也从那时开始校园里才有成群结队的女同学穿裙子，成了一道时髦的风景线。

四、清湾江畔校园轶事

如果说人生是一次旅程，那么我在母校玉林一中的校园生活则是旅行初始的第一站。在这个站点上，我的所见所闻都在人生轨迹上留下了烙印，喜怒哀乐交织在一起，形成了一幅挥之不去的印象画卷。我以晚年的思维回忆那些“而立之年”之前的往事，特别是那些发生在清湾江畔上的校园经典轶事，心情是不平静的。

60 年代玉林一中校园内的文艺演出，图为音乐舞蹈史诗《东方红》

第一次看跳交谊舞。由于社会和历史的原因，60 年代的中学校园是很封闭的，但是 1962 年（即党的八届十二中全会提出“千万不要忘记阶级斗争”之前），社会上的政治生态环境还相对宽松，那时我们看了不少来自香港、澳门等地和新中国成立前的旧电影，例如《金粉世家》《七十二家房客》《乌鸦与麻雀》《八千里路云和月》等；城区各家大电影院门口都挂满当红电影明星的照片，男生的偶像是王心刚，女生的偶像是王晓棠。我们都是第一次在电影银幕上看到跳交谊舞。那时校园里却没有青年学生活动的舞厅，但是校园里一批刚大学毕业不久分配来的青年教师，他们便自发地到附近的娱乐场所去跳舞。当时玉林汽车总站对面有一个小型俱乐部，这就是玉林城区早期的舞厅，有时候我们上街路过此地，顺便怀着好奇的心态去看青年男女跳"碰嚓嚓，碰嚓嚓"（当时群众对跳交谊舞的戏称），无意中也看到玉林一中的青年男女教师在那里，包括李子硕、黄锦棠、李丽英、李科遂等老师都在其中。不久，此消息不胫而走，传遍校园成为一大新闻。

首次参加拍摄电影。1962 年下半年广西各地汇演彩绸剧《刘三姐》，据此长春电影制片厂在广西拍摄黄婉秋主演的电影故事片《刘三姐》，拍完后应中央新闻纪录电影制片厂之邀，顺便拍一部新闻短片《永不褪色的红旗——罗东》，作为宣传老红军战士的系列新闻短片。所谓新闻短片，那是没有进入电视时代之前，专门放在电影故事片的片头放映的短片，一般只有 3—5 分钟。那时，玉林蔬菜公司仓库保管员罗东同志是家喻户晓的老红军战士，拍摄宣传罗东同志的短片，有一个内容是罗东同志给学生们讲红军二万五千里长征的故事，然后学生们到罗东同志家中搞清洁卫生、扫地、抹窗、淋花等，我和 10 多位同学第一次参加拍摄电影，做了一回群众演员。1964 年，在周恩来总理倡导和关怀下，首都北京人民大会堂上演了大型音乐舞蹈史诗《东方红》，此事在全国形成广泛影响，各地都呼应宣传演出。玉林一中也在校内组织排练演出，这项活动由蒋承聪老师负责，高中部各班都抽人参加，我们班里的许声基、蒋绍雄、李世秀、杨熙贞、韩文珍等同学都参加了舞蹈队，我和周成宪、龚国献、陈健诗、蒋运枝、李家棣等同学则参加歌咏队。此次大型演出活动还是成功的，领唱《松花江上》的女同学谭灿妮也自此得了个"玉林一中校花"的美名。

玉林人的世界冠军。1964 年在日本名古屋举行的第三十一届世界乒乓球锦标赛上,玉林藉的国家乒乓球队运动员梁戈亮一举成名,和队友合作夺得男子双打世界冠军。我们以往很少关注的“世界冠军”,如今就在家乡身边,此事在当时玉林一中学生的心灵中既有崇拜感也极具震撼力。那个年代传媒业不发达,我们还不知道奥运会、亚运会之类的体育赛事,对世界上的各类时政、社会新闻也知之甚少。“文化大革命”前后,我们经常敲锣打鼓集合到城区大府院开大会,主要是声讨“美帝”“苏修”的侵略行为和“反对人民公敌蒋介石反攻大陆”,所以我们知道最多次数的外国人名字就是“艾森豪威尔(时任美国总统)”和“赫鲁晓夫(时任苏联部长会议主席)”。但是,我们从关注政治人物到关爱世界冠军,却是从家乡的两位世界冠军开始的:一位是前述世界乒乓球锦标赛双打冠军梁戈亮,另一位就是集体跳伞世界冠军杜昆明。他们两位都是我们的同龄人,杜昆明还是玉林一中的校友,所以其影响力是可想而知的。1964年毛主席批示全社会学习著名乒乓球运动员徐寅生的文章《关于如何打乒乓球》,实际上是引导青年人如何培养顽强、拼搏和自信的精神。正在这个时候,梁戈亮和杜昆明脱颖而出,自然成为我和同学们青少年时代人生早期的偶像。

校园频发政治波澜。我在母校玉林一中的后期校园生活,以“四清”和“文化大革命”的爆发而不堪回首。1966年中共中央的“五·一六”通知是“文化大革命”正式开始的标准时间,那时我正处在高中毕业的前夕,当这场史无前例的政治运动到来之前,我们全体高中毕业生还沉浸在“跨长江,过黄河”的升学梦想之中。那时,高中部教学大楼里挂着的这个醒目横标十分惹人注目,同时走廊里挂满全国各地各类高等学校的招生简章。玉林一中提出这个口号旨在号召应届高中毕业的同学们,力争考上长江、黄河以北的名校,为校争光，这确实是很具魅力的。然而此时的中国，一场巨大的政治运动的冲击力已经呼之欲出，玉林一中校园在此之前的一些不正常事件已经陆续出现。真是天有不测风云，“树欲静，而风不止”，从1964年春季到1966年夏天，清湾江畔玉林一中校园的政治波澜此起彼伏。包括校园内接踵发生的“陈世铨校长民事案件”“总务主任梁恒茂经济案件”“清湾江学生反党集团案件”“玉林一中‘四清’工作队事件”等等。尽管上述案件和事件，在改革开放后的拨乱反正和清理整顿阶段，都进行了复查和处理，但是回顾这段特定历史条件下被扭曲的历史，也让后人感到60年代频繁政治运动的历史教训是极其深刻的。

五、离校迷茫向往未来

我毕业离开母校玉林一中的时间是1968年10月。我回忆45年前离校的情景，心里还蒙着一层阴影。上中学喜出望外的当初，无论如何也意想不到高中毕业后离校的凄凉，60年代的八年中学生活竟是一个分崩离析的结局：没有毕业典礼，没有师生合影，没有全班同学的道别，没有鲜花和掌声，有的只是一片迷茫和惆怅。这在母校玉林一中的校史上也是史无前例的，因为这是一个非常时期，也是一段困难当头的日子，“十年浩劫”中每个人的命运都连着国家和民族的命运。那时，我们的校长和老师都被遣送到各地，我们的同学都被派性搞得势不两立，我

改革开放和恢复高考后，考上大学的玉林一中校友重返校园

们美丽的校园惨遭折腾、破烂不堪，我们离校时的心情充满了失落、迷茫和惆怅。回忆后期校园生活，终生难忘。

从“革命串联”到“复课闹革命”。这两个关键词都是“文化大革命”校园生活的专有名词，事过境迁，随着社会向前发展，现在的青年学生对他们的特色内涵已经很陌生了；然而对于我和当年的同学们来说，不仅挥之不去，也记忆犹新。因为这两个校园生活的专有名词都维系着我们人生的许多重大经历，甚至是带着血和泪的往事回忆。从1966年的夏季到1968年的秋季，中华大地经历了“红卫兵运动”，“破四旧、立四新”，“炮打司令部”（全国第一张大字报及全社会政治动向），“向党内走资本主义道路的当权派夺权”，“群众组织的文斗与武斗”，“抓革命、促生产”，“全国山河一片红成立革命委员会”，“深入开展斗批改”这样一场史无前例的政治运动。在玉林一中的校园里，也就是我们离校前的最后两年校园生活，基本上是伴随着全国的政治节奏度过的。我和同学们一样，都是当年这场政治运动的盲从者，曾经成为“激情燃烧岁月”里的红卫兵。我们参加革命大串联，从玉林坐火车到全国各地。1966年11月11日，我和自发的串联小组的几位同学（钟显桂、黄逸君、张朝樑、罗成辉）在北京受到了毛主席的接见。尔后，1967年1月我们又响应毛主席的号召步行大串联，从玉林一直走到广州（同行的有龚国献、李世秀、李兴良、李家棣、罗成辉等同学），这是我人生第一次出远门，风餐露宿，千山万水，大家完全沉浸在一种沸腾的政治狂热之中，直至迷茫地离开校园。

不平静的校园与孤独的我。毛主席青年时代曾经说过：“恰同学少年，风华正茂”，“与天奋斗，其乐无穷；与地奋斗，其乐无穷；与人奋斗，其乐无穷”。毛主席晚年曾经对外宾说过：“终其一生，我这一辈子主要是做了两件大事，一是建立了一个新中国，二是发动了一场文化大革命。”1981 年 6 月，中共中央《关于若干历史问题的决议》和历史最终证明，毛主席领导共产党和全国人民建立一个新中国这是举世公认的丰功伟绩，毛主席探索社会主义道路过程中错误发动的“文化大革命”对国家和民族来说都是一场浩劫和灾难。所以，当年“红卫兵运动”的狂热必然带来校园生活的变态，这也是我们回忆最后两年校园生活的共识。玉林一中的“红卫兵运动”，大体经历了这么几个阶段：(1)初始成立阶段(1966 年 5 月至 7 月)；(2)走向社会破“四旧”立“四新”阶段(1966 年 7 月至 8 月)；(3)革命大串联活动阶段(1966 年 8 月至 1967 年 2 月)；(4)夺权阶段(1967 年 2 月至 3 月)；(5)分化成两派群众组织阶段(1967 年 3 月至 5 月)；(6)两派群众组织文斗武斗阶段(1967 年 5 月至 1968 年 7 月)；(7)停止武斗和“复课闹革命”阶段(1968 年 8 月至 10 月)。以上各个阶段的活动只是大体粗略的划分，有些细节不完全准确，其中又有许多交叉和兼容的事情。总之，“红卫兵运动”始于 1966 年中共中央“五・一六”通知，广西的“红卫兵运动”历经两年多之后，以 1968 年中共中央、国务院、中央军委、全国人大常委会联合颁布的“广西七・三布告”而终结。总之，“文化大革命”对国家是一场灾难，对玉林一中过去平静的校园生活来说也是一场内乱，其破坏作用将影响到几代人甚至更加久远。我无可奈何地生活在这么一个过程中，但是“文化大革命”期间我又是一个“逍遥派”(即中间派)，我由于家庭背景和个人性格的原因，也没有参加两派群众组织，更没有做出有失人格的事情，相对而言我孤独地固守在自我的天地里。

离校前自问“何日君再来”。1968 年 7 月 3 日，中共中央、国务院、中央军委、全国人大常委会联合颁布了“广西七・三布告”以后，广西两派群众组织最后的武斗宣告结束，随之成立自治区和各级革命委员会。玉林地区结束武斗的最后标志是州珮“万花楼”被炸为平地，随之实行革命大联合成立革命委员会。由于有了上述这一全国和全区性的部署，玉林一中才迎来了“复课闹革命”和我们毕业离校的政治前提。但我们的毕业离校则是凄凉悲惨的，这就是前述的“没有鲜花和掌声”的苦楚局面。但是，那天夜里和早上离校之际，我们几个没有参加两派群众组织的同学，孤独地困守在第四宿舍的房间里，以眼泪表达了对母校的留恋和怀念。我和梁德初同学彻夜难眠，我们切磋和议论着这么几个问题：第一，难道我们就这样结束了学生时代，我们还不能上大学吗？第二，国家和社会发展到这个地步，玉林一中发展到这么一种状态，未来的事情将会是怎样的呢？第三，再过三四十年我们都年过花甲，也许我们都成家立业、儿孙满堂了，那时的社会情景将怎样呢？第四，以后我们都变成老人了，众多参加两派群众组织的同学将来是否还能见面相聚，将来我们见面说些什么话呢？

事过境迁，风风雨雨的几十年过去了，正如《三国演义》卷首语所说：“古今多少事，都付笑谈中。”回首往事，寄语老师和同学们：“但愿人长久，千里共婵娟！”现在，对于那些当年毕业离开母校玉林一中时迷茫和惆怅的话题，我们都在各自冷静和现实的回忆和思考中找到答案了。

钟启泉：鬱林县第一初中59班和高中15班校友，1968年10月毕业离校。现为广西社会科学院副院长，国务院特殊津贴专家。

缘聚一中　难忘母校

玉林一中高12班　曾德盛

“梦里依稀忆当年，学子求知二王园。清湾江水源流长，不及我与母校缘。”我是1964年毕业的玉林一中高中部第三届学生。我所在的高12班原是玉林县三中（今玉林市第十一中学，即原玉林市南江高中）高4班，1962年秋季高二时调整到玉林县一中，从此与同届的高10、高11班缘聚一堂，青春的梦想就在这里孕育放飞。离开母校快半个世纪了，然而昔日高中生活依然历历在目。

美丽的校园

一中校园是玉林各中学中最美的校园。我初次进母校校园是小学四年级1956年，老师带我们参观当时的广西省立鬱林师范学校生物园。孩童们在校园里欢呼雀跃，流连忘返。1962年再次进校园时，我已是母校的学子，更加眷恋这片美丽而宁静的校园。一中校园之美在于江在于水。清湾江自东向西，神奇之处是到了一中便向北折弯，呈倒“U”型穿校园流过，把校园划为三个片区。20世纪60年代学校有两座桥，北桥为木桥，连接埌坡片区，东桥为石桥，连结东片教学楼和饭厅。清湾江流量不大，洪水来时虽然也浊浪滔滔，但大多时候是静若处子，宛若一条青罗带。平时，一湾江水清澈透底，金沙细软。校园最美还是春天莺飞草长时，清湾江两岸野花盛开，水中倒影摇曳，如诗如画。正可谓：日出江花红胜火，繁花碧水相映美。秋高气爽之时，西望桥头观落日，眼下稻浪翻滚，也是一美景。校园天然之美，使人朴实无华；校园古朴之宁静，令人志存高远。古人云：智者乐水。在这片江水环绕的校园，有传道授业解惑的睿智老师，有求真求善求美的莘莘学子，大家为了一个共同的目标，缘聚一起，校园成为我们和谐温馨的家园。

文化走廊

20世纪60年代一中校门很简朴，说是校门，实际上是一排学生平房宿舍，正中留空一间就成了校门。从校门到北桥是一条笔直的沙土大道，北桥南岸又是一排学生平房宿舍，南北两排宿舍与大道恰好形成一"工"字，这可能是当初鬱林县立初级职业学校规划设计之寓意所在。校园大道把操场划为东西两片，在大道的中段有一由砖木搭建的瓦廊，东西两边挂满黑板，供各班级出版板报，名曰"文化走廊"。文化走廊名副其实，有文化，有品位，是展示学校风采和师生才华的窗口。我与文化走廊结缘，不仅因为我是它热衷的读者，而且也是其中的作者。高二、高三我担任班学习委员，出板报我自然责无旁贷。每期板报由我组稿，张贻强抄写，冯大权负责美术版式，相互配合默契。由于往往要评比，所以各班级都较着一股劲，从不马虎。当时校园文化生活没有今天这样丰富多彩，除了晨读(早读)午唱(午睡后唱歌)外，文化走廊就成了学校重要的文化园地。文化走廊是进出校园的必经之路，有什么新内容新变化，往返其间便一目了然。那时一中没有围墙，江岸一带的居民进城经过校园时,也常有人驻足观看。所以,文化走廊已成为那时校园文化的重要标志,在我的心中留下了难以忘怀的记忆。

跨长江过黄河

高考对于每个高中生来说都是一道重要的门槛,能否跃过龙门,关乎人生的走向。那时最响亮的口号是“一颗红心,两种准备”。一颗红心,就是胸怀祖国,听从党的召唤;两种准备,一是考上大学继续深造,二是落榜就走向社会,“上山下乡”或者就业。然而,高考不仅关乎个人前途,也关系学校的社会声望。为了激励广大同学,学校提出了高考要“跨长江过黄河”的口号。所谓“跨长江”,就是要考上上海、南京、武汉等城市的重点大学;“过黄河”,就是到北京读重点大学。这一口号旨在励志,希望同学们立志高远,敢于走出广西,走进重点大学。为此,我在高三语文课本上写下“天生我才必有用,高考似玉尺,量君多少才”自勉,同时请室友抄写韩愈名句“业精于勤而荒于嬉,行成于思而毁于随”贴在宿舍寝室以共勉。20 世纪 60 年代初,正值我国困难时期,物质异常匮乏,在学校食堂吃的是双蒸饭,似饭又似粥,肉类是不敢奢求的,有时连青菜也难以吃上,只有一点炒盐或者龙眼核荔枝核做的咸酱。寒假时,母亲就曾叫我到回龙桥一带稻田挖白头艾,捣碎掺上米糠煎饼聊以充饥。物质虽然匮乏,但是腹有诗书气自华,心中有梦志自坚。就是在这种极其困难的情况下,同学们仍不坠青云之志,求知欲望如饥似渴。当时学校教风学风都很好,老师一心扑在教学上,学生专心致志读书,别无旁骛。正因为如此,我们这一届高考成绩喜人:“过黄河”有 3 人,三个班每班都有 1 人考上北京的重点大学,“跨长江”更不是少数,成为“文革”前一中高考升学率最高的一届。这说明人是要有一点精神的。只要有志气,艰难困苦就会成为激励人奋发向上的动力。这正如古人所说的:艰难困苦,玉汝于成。

难忘母校情

我年轻时的好运都与母校有缘。1964年我从母校高中毕业考上北京师范大学。1978年全国恢复研究生招生,玉林县考场就设在母校。考试那天尽管大雨滂沱,我仍然考出好成绩,被中山大学录取,成为第一届硕士研究生。饮水思源,没有母校的培育,就没有我的今天。在一中那两年,给我们上课的黄锦棠、陈治远、林键忠、李中权、刘绍基、陈育帆、吕南清、吴以华等老师,他们终身以育人为己任,有的虽然故去,但他们的讲台风采和音容笑貌,依然萦绕在我的脑海。学而后知不足,教而后知困。1972年我从北京回到家乡,曾做过6年高中教师,深知其中的艰辛。所以,师恩重如山,寸心难报三春晖。

一中学子虽身在他乡,然而同窗之谊,母校之情,又总是把他们聚在一起。1989年,一中在南宁的校友,由甘悦才等人倡议成立了玉林一中南宁校友会,第二年便派代表回校参加校庆,近年与母校的联系就更为密切。校友会为校友联系母校搭建了桥梁,大家关注母校,为母校日益发展繁荣感到自豪。今年将迎来母校90周年校庆。春华秋实90载,筚路蓝缕,一代又一代的一中人艰难创业,如今桃李满天下,校友遍四方。数十年来铸就的"自强不息、勇于担当、务实创新、追求卓越"的一中精神,成为凝聚和激励莘莘学子的精神旗帜。抚今追昔,难忘母校情。我怀念昔日之母校,更为其今朝之新貌所欣慰。校庆来临,心香一瓣,祝愿母校明天更辉煌。

曾德盛:玉林县一中1964年高中毕业,当年考上北京师范大学,1978年考上中山大学硕士研究生。现为广西社会科学院二级研究员，享受国务院特殊津贴专家，广西优秀专家。曾任广西社会科学院助理巡视员（副厅级），广西哲学学会会长。论著甚丰，多项成果获省部级以上奖励，其中专著《毛泽东经济哲学思想研究》获广西社会科学优秀成果一等奖，论文《论李向群精神的时代意义》获中宣部“五个一工程”奖。

母校一中情难忘

玉林一中高15班　周成宪

我对鬱林一中的认识，始于1953年。当年我堂哥周成慧在鬱林高中任教，我经常去学校住，与小伙伴除在鬱高玩之外，我经常出校门过鬱梧公路和郊场到鬱林一中校园转。只记得当年一中体育场设施很多：有环型跑道、跳高跳远沙池、平衡木、高天桥、攀爬勒木、吊爬横架木梯、攀高竹杠、单双杠、高低杠、跳马、海盗船样的摇动浪桥、秋千……不少设施叫不出名来，花样比现在体育场的还多。特别看到学生胸前佩戴的鬱林一中金属校章，更感到做鬱林一中学生的光荣，太羡慕了。

1959年，容县专署改玉林专署迁玉林，地委、行署驻东郊场和玉林一中校址，玉林一中则搬到西望桥旁的省立玉林师范校址。

美丽的清湾江（西望桥江）在玉林一中校园中分为两条支流穿绕校区而过。其一在礼堂东南过进士陂，当年是高矮不等、几十米长的木桩陂，水流过陂翻起雪白水花，成大小不等的小瀑布，进入校门就听到哗哗水声，我们经常卷起裤脚涉江而过。另一支流，从第四宿舍北边流过，从东绕西过西望桥，水则深些，平时有齐胸之深，还有更深之水潭。清湾江，水清见底，砂质江底使其鱼虾清楚可数，比城南南流江水清澈多了。由于江水清澈，沙滩平坦柔软，我们还不时从桥石往沙滩或水中跳，玩耍取乐呢。江的两岸长满坠着淡黄色鸡蛋大小葡萄的葡萄树，结着拳头大的浅红色或黄绿色蕃石榴的蕃石榴树，一串一串垂到江石上火红的荔枝的荔枝树以及挂着黄褐色龙眼的龙眼树。我们游在水里也可采摘垂江鲜果品尝。江边更有婆娑的丹竹、簕骨、大竹等，成簇的翠竹、枝叶垂江直到水面。校园周边，是江岸农民的果园，当年著名的江岸柑橙就盛产在这里。而果园更有特色，各个果园都种栽金车簕，这种树枝树杈长满锐刺的灌木，高约 2 米，沿各果园的边界满种而成篱笆园墙，今天人们难得看到了。

当年，一中的校舍房屋几乎是石块砌墙基、泥砖墙、灰瓦顶。贵兴玉公路的西望桥西石引桥斜坡旁，过一小石桥就是校门，直往北走，首先进入第一宿舍，是平房，两端有两屋角楼。过宿舍再往北走，是长长的一条校中通道，两边是体育场到江边。再往前，校长办公室在西体育场北端，居中的文化走廊两侧木板墙面是学校和班级的壁报，西有教室一列，实验室一栋，乒乓球室一间。长廊东依次是体育设置存放室，自来水池，高两屋的第二、第三宿舍(女生)，中间通道最北是第四宿舍(男生)。再往北，过江就是游泳池，经过附小就到第二校舍了。第二校舍有东西走向教室四排，教师宿舍一列在最北边界至水田，全是平房。回想当年校舍，感觉很简陋。

一中当年最好的建筑物是经文化长廊往东过石桥的红楼，高两层，有超过 1.5 米高的石砌台基，楼上楼下各有教室四间，教师宿舍各两间。高中部三个年级共六班和初中班两班，就设在此楼。红楼南向过了一个草坪广场就是礼堂亦为饭厅。砖柱灰瓦，除了东端的主席台是泥砖墙与食堂相邻外，其他南、北面都是木板墙，地面是压平泥地。全校学生的饭菜桌是杉木四方桌，分班级排放在这里。如果遇集会或晚会，饭桌则叠放在礼堂靠边南北两侧，可容全校师生集中使用。当年学生都站着吃饭，要不就到礼堂外南面的荔枝树下坐地用餐。

1963年秋季期，我有幸考入玉林一中高中部，完了读一中的梦，直到1968年10月，才毕业离校。高中前后五学年是历史唯一的一届。三年读书两年留校参加“文化大革命”，这是由于特定历史时期所致。这高中期五年，是我人生成长最关键和思想成熟的时期。

当年我们高15班，入学时40人，其中男32人女8人(包括韩文玢、林美颜、黄玉燕三位归侨女生)，我与钟启泉同学同桌。那时，学生宿舍每间住六人，放三张双屋木架床，同桌同学分别住上、下铺，和我同住一宿舍的，还有许声基、罗盛辉、肖永康、黎相林。大家融洽在一个和谐的氛围里。当年社会有说法：读高中将是将来吃粥吃饭的关键时期，只要高中时努力读书，毕业考上大学，就有为国贡献的本领，就有铁饭碗。在老师的谆谆教导下，每个学生都立大志，有崇高理想，自觉学习，奋发向上，没有要老师催促的，个个都在争取赶上自己新的人生。

我们入高中之时，正是国家“三年困难时期”的后期，国家经济状况不好，高中生活是在困难中度过的。那个时候学生一天两餐伙食费9分钱，有的同学再加2分钱吃份早粥也付不起。那时，上午刚下第二节课，肚就饥了。严冬时节，学生有件“卫生衣”穿就不错了，不少人还是赤脚或穿木履过冬，自修时亦如此。近年，全班同学聚会时，把1966年秋的高中毕业全体照拿出来观赏，一看，前排的女学生全部是赤脚留影。一位风华正茂19岁的高中女生如此,男生就可想而知了。这就是当年学生的生活水准。可是,对艰苦的学习生活,我们从没有叫苦,大家都努力读书,钻研功课的热情很高,有的是拼命学习的精神。

我们的老师认真备课,工作刻苦,讲课很负责任。他们脚踏实地,严谨治学,对学生谆谆教导,无微不至关怀,对教育事业高度的责任心和事业心更使我终生难忘。这对我们迈入社会后能有一颗为社会服务的事业心、责任心,产生了极大的影响。

老师在课堂上,深入透彻地讲解授课,为使我们对自然规律和科学知识牢固地记忆和领会,不遗余力;在下午或晚上的自习课,也保持巡堂辅导,对学生提问则很耐心细致地解释。当年,我们在学习中,对不懂的和有疑问之处,都积极向老师提问请教,从未遇到过老师的冷遇,获得的是反复耐心细致的解释和帮助。

由于我出生于工商业资本家家庭,在高中第一学期开始,到毕业期,心里总有个家庭出身包袱,对前途忧心忡忡,情绪波动。但黄俭副校长在第二学期开学不久就及时发现,立刻多次找我到办公室个别谈心,解我心结。各个学期的班主任李中权、吴以华老师亦多次找我谈话,他们用周总理和当年中央书记处书记、北京市长彭真与青年谈心在《中国青年报》上刊登的“出身不由已,道路可选择”和历史上不少领袖、英雄、先烈和前辈的成长为例,教育我、鼓励我、启发我,一定要看到前途,保持学习积极性和上进心,学好科学知识、学好本领,就能为人民服务,只要做出了成绩,党、国家和人民是会信任和重用的。校长、教师的教诲,我一生难忘。我离校后,从日工、搬运装卸工做起,以一颗坚韧不拔的上进心去工作和学习,经十数年努力,获得所联系的群众和党委、政府的认可,他们信任我、重用我，1983年我当选玉林市人大代表，慢慢地由工人、企业领导再进入公务员行列，从政为民。在1997年玉林市第一届人民代表大会上，我当选为玉林市人民代表大会常务委员会副主任，成为厅级领导，在玉林市领导岗位上一干15年到年迈退休。

我们的老师对我们学业教育严谨，态度和人品教育从严要求，我们始终记在心上。老师对学生作业的批改态度更充分体现出老师的工作作风。语文老师钟运年、吴以华对学生每一篇作文者精心批改，既有总的评语，又有眉批，对文字、语法的错漏，从不放过，就算是一个标点符号也如此。

钟运年、吴以华老师知识面极广。在讲课时，把课文内没有的许多知识，如文章的社会背景、涉及历史、词语出处以及不少典故都向我们介绍。可见老师知识渊博、治学态度严谨和功底的扎实。这使我们学习不局限在课文，开拓了视野，学到了更多的知识。这样的老师还有李中权、吕南清、苏锡奎、陈育帆、邓桂福等人。

当年，教师和学生感情深厚，没有隔阂。学生除在课堂认真听课外，课余到教师教研室和教师房间求教是常事，教师对提出的问题，不管是谁，从不拒绝，而是给予热情和过细的辅导解释。对生活困难的学生，日常问寒暖，还在申请助学金上给予照顾，给予学生父母般的亲情，祈望学生健康成长。

今逢校庆90周年，也是我高中五年毕业离校45周年，如果从1963年入学年算，至今是整半个世纪。现在人已迈入老年，但是，老师、母校恩情不忘。

周成宪：1963年玉林一中高15班时校友，玉林市原政协副主席。

康氏三代一中情

玉林一中初中74班　康圣清

兴业县龙安镇六西村是寒山西麓的一个山村。康氏在六西村是一个小姓。村民康文才虽然没有正式入过私塾念书,但通过自学,自修了风水舆学和医学。康文才深知文化是成就人才的桥梁。1947年,康文才做出了一个令全村人震惊的举动,卖掉三间祖屋,筹资送大儿子康远佳入读鬱林县立国民中学校。这是康氏家族历史上最大的一笔教育投资,从此开创了康氏家族重视知识人才培养的先河。康远佳一生从事教育事业,在龙安中心校教导主任任上退休。

1955年,康文才第四个儿子康远芳以优异成绩考取鬱林县城区联合初级中学。康远芳后来考上了广西中医专科学校(广西中医学院前身)就读5年,成为一名中医师。

1959年,康文才第五个儿子康远荣考取玉林县一中,入读49班。曾任班级团支部书记和副班长。一生从事教育工作。自学中医学,为传扬中医学做出了较大的贡献。

康远佳的大儿子康圣清1963年考取玉林一中，入读74班。1969年第二次走进一中校门，入读玉林县农业学校第五排。康圣清从事文化工作，出版专著三部，在国家、省、地市级发表电影、电视剧本，大型舞剧剧本，长、中、短篇小说，报告文学，曲艺、小戏，小品一批，荣获广西自治区人民政府最高文学奖——首届“振兴广西文艺创作铜鼓奖”。

康圣清的儿子康世行2003年入读玉林一中03级1班。大学学医，现在玉林市某三甲医院上班。

玉林一中是康氏三代的文化摇篮，康氏家族衷心感谢玉林一中的培育之恩。

康圣清：1963年时校友，文化工作者，作品荣获自治区政府“振兴广西文艺创作铜鼓奖”。

劳校师生战洪水

佚　名

1971年6月1日前，天已下起了大雨，雨连续下着，时大时小，不久竟变成滂沱大雨。天阴沉沉的，云层越积越厚，快压到了地面。人们忧心忡忡地望着天空，心中念叨着："快点停吧！快点停吧！"地处江水边的劳校，水已泡满了整个校园，有的已浸到了小腿。6月1日半夜，清湾江边的河堤突然被冲垮，洪水便排山倒海般地向劳校校园呼啸冲来，校园水位一下子升到了胸膛。

"发大水啦，大家快起来啦！"革委会主任黄永端一直看着大水，见大水浸上来，马上指挥人们疏散。"大家先救校门左手边的(从校内向外)，左边是矮屋、泥砖屋，而且正当水头！"他竭力喊着，人们嘈嘈杂杂，几乎淹没了他的声音。大家七手八脚，手拉着手，往东边泥屋移动。东边泥屋住的是教师、工人，老弱病残较多，如五伯公等老人，他们互相搀扶着走出来，往高处走去。看着大家安全走出，黄永端才放下心。"救四号宿舍楼！"黄永端又喊。大家便往四号宿舍游走过去。四号宿舍住的是学生，是一些短训班的，虽然已走了不少，但仍有一百多人，这时有人喊："先救变压器，泡了危险！""让它变0档。"有人游走过去，但水太猛，无法接近。冲了几次，都不成功，大家只好眼睁睁地看着它被大水淹没。

这时四号宿舍楼出入只好靠绳子，绳是大缆绳，一头缠在窗枝上，一头挽住树木，人们就手攀住绳，慢慢走出，直走到石桥上。黄永端发现还有些水泥、资料还未搬出，就指挥人们转移，于是人们又用肩头，把一包包的水泥、资料，扛到礼堂的舞台。舞台当时是全校的制高点，估计可保住。谁知洪水猛烈，很快又泡到了舞台。"哗啦啦！"洪水把这些东西冲得一干二净。黄永端见状，只感到心头一阵阵痛。

石桥之上，已站了十多个人，这也是一个高地。好在石桥坚固，如果是木桥就危险了。一股股水流向黄永端的身上冲来，他手上的绳子脱了，从宿舍走出的人有的就从黄永端的头上滑过去。学生唐厚烈、唐海著被水冲着就顺手抱住大树，然后慢慢爬出来。

这时劳校校园内一片汪洋，水头冲击着泥砖屋、矮屋，这些泥砖屋由于长时间浸泡在水中，不断溶蚀，不断倒塌。"哗啦啦！""哗啦啦！"房屋倒了一座又一座，一夜之间，劳校的房屋倒了大半。听着"哗"的一声，一座房屋倒去，人们的心头一阵阵寒战。

天亮了，军分区的解放军到现场实施抢救。起先，他们拿着汽车轮胎，以为可以游得过去。可是轮胎被大水一冲就不见了。没有办法，只有靠缆绳，他们把缆绳缠在树上，隔一段缠一棵，缠好后，就让人慢慢攀绳出来。

这场大水，由于抢救及时，财物虽然受了损失，如房屋、家具、图书、仪器、资料等均被冲垮、吹走，但人员却没有伤亡，这又是不幸中之大幸了。

（文巍整理）

写诗论诗 心交诗友

玉林县五七劳大附中文艺班 梁瑞宗

“诗是用来反馈生命拯救灵魂的，真诚与否乃成败的分水岭，唯其真诚，读者方可从中映照自己。”这是业余新诗作者兼评论者的我的诗观，这个诗观在有关场合、报纸上发表过，得到读者和作者的普遍认同，我也是循着该诗观指引的方向，以真诚为至高原则写诗论诗，心交诗友的。

我13岁开始学写新诗。那时我在玉林市一中前身玉林县五七劳动大学附中文艺班就读，校园里长有几株高高大大的木棉树，开花时煞是壮观，我几乎每天都从树下过往，联想到“红艳艳的木棉在南疆开放”的歌词，我也乘兴写了几段关于英雄树的分行押韵诗呈送黄明老师斧正。黄老师是从广西壮族自治区文化机构下放到玉林县工作的文艺家，正教我们文艺班创作课。他对我写的分行押韵诗非常感兴趣，欣然给了我一番鼓励，还为此赠送我一本秦似先生编著的《现代诗韵》和一本《红太阳》诗歌集。此事之后不久，学校组织文艺班师生到玉林县北市公社红江水库工地参观、文艺演出并创作练习，黄老师又特许我写分行押韵诗作为该次创作练习作业。再后来黄老师还推荐了一些刊登有诗歌的报纸、杂志给我阅读，带我认识了玉林地区的一些诗歌作者……真该谢谢黄明老师，是他的助推使我在少年时代就走上了经常阅读诗词、习作新诗之路。

自从文艺班应届毕业考取广西师院（现广西师范大学）中文系后，我广泛阅读古今中外诗词，特别是系统地阅读中国现代新诗，及时地阅读当代有影响的诗人的诗作。也许是诗读得多了，分行押韵诗我反而不敢贸然下笔——明显写得少了，兴趣转移到考察以往诗歌作品的成败得失上，注意力侧重在阅读评论方面。我的大学毕业论文就是《试论新诗的形式问题》。此外大学期间还写了一批诗歌赏析、评论文章，比如后来被文友拿去发表在《鬱州》文艺杂志、《广西教育报》的《从对一首诗的评价说开去》、《以诗人田间为例，简论诗歌与民歌的关系》、《寓情于景，求之象外》等等。

我的业余新诗写作活跃在大学毕业后的19—25岁。此时期我的业余笔耕以写作新诗为主，同时写作新诗走纯情一派、非虚构写作路线，只讲究内容不讲究形式，更不讲究押韵。从数量看，几年间写了不下五百首诗，其中初恋浪潮的产物——初恋情诗占了半壁江山，其中又有多首诗作引起读者共鸣和热议，有些诗作被传抄或被拿去报纸专版、文学杂志发表，爱情诗集《给我生命旅途中的一颗流星》1993年由广西民族出版社出版发行。

我心交诗友集中在我的部分爱情诗流传后。有一段时间我收到了全国各地（包括港澳台）不少读者来信，有的读者多次来信，为了不辜负读者的厚爱，我改变孤独而少友的处世习惯，开始心交诗友。我心交的第一位诗友是内蒙古赤峰市的刘小云，因为他的来信着实令我感动。他信中说：拜读了您的诗，就如同闻到了夜来花香，不断地被打动。我认真地站在地图前，看了看，用手指量了量，噢，看起来并不遥远，更何况以诗交友。我也这样诚恳地回复他：感谢你的来信。虽然你居北国，我处南疆，但我们共同的“情人”——诗歌，离我很近，也离你很近，相信通过它连结起来的友谊纽带会永远飘动！

我心交的第二位诗友要算中国政法大学的黄琳琳，她给我来信这样写道：读您的诗便是读一种心境，读一种心境总有一份感动，因为那份对人生的感受总来自心灵深处的苦痛。人世注定不会有圆满，所以才把寄托转向诗歌。我回答她也颇坦率：你我都曾用心爱过，同时都崇尚给予，我终因失爱而痛苦，你终因不能接受别人的爱而自责。怎么办？你我都要在情真的基础上寻求最能表现这种无奈的形式——诗歌。

此外，那段时间我心交的诗友如新疆的袁晓、河南的郁梅、广西的黄晓娟等等无法详尽列举，他们对我的诗作特别是爱情诗的肯定与批评都令我心存感激，铭记不忘。武汉市的康红、湖南临澧县的胡淑霞诗友给我的来信（主要是对我的爱情诗创作的评论）还先后两期发表在当年的《青年文学报》上。我觉得，写诗论诗、心交诗友诚然不失为我少年、青年时代的一种正确选择，这种选择，这番经历，让我的人生拥有了更多的真诚与美丽，自信与洒脱，平静与满足。

注：写于 1994 年 6 月，原稿发表于 1998 年 5 月 25 日《玉林晚报》

缅怀黄俭老师

五七劳大附中文艺班 梁瑞宗

黄俭老师是玉林地区乃至广西教育界有影响的人物。论教育实践，他中山大学毕业后在广西玉林、百色等地从教40年，桃李遍中国，不少走向世界，其中有省部级党政领导、国家突出贡献科学家、商界实业界大腕、世界体坛名将等；论资历，新中国成立前他就参加我党领导的地下革命工作了，新中国成立后，除了“文革”受迫害时期，他一直担任中学、高校副校长、校长。他是名师，也是我十分尊敬的人，可惜他过早离世了。

我初识黄俭老师是在1976年秋季学期的一个星期天。那时，我在玉林市一中前身玉林县五七劳动大学附中文艺班就读，而且刚报到没几天。当时，晴朗的天空突然下起了雨，我冒雨从校门口往宿舍跑，雨中看见学校公用水池边草地上一身材微胖的中年男子在收拾衣物，他用衣袖迅速地擦了擦眼镜镜片，向我招了招手。我领会他的意思，跑过去帮他收拾完衣物，随他送回住所便离开了。回到宿舍和同学们提起，才知道他就是玉林教育界资历深厚、德高望重，但时下已不在学校领导岗位，只是临时负责文艺班班主任工作的黄俭老师。之后两三天，广播里传来毛泽东主席逝世的噩耗，大家悲痛欲绝，哭得死去活来，黄老师强忍着泪水要求同学们化悲痛为力量，继承毛主席遗志，永远革命不停步。同时为了在第一时间出版好纪念墙报，默许我不打草稿，直接用毛笔在张贴好的墙报纸上写纪念文字。毛主席追悼会那天下午烈日当空，我在列队步行去玉林地区体育场参加追悼会路上被后面的队伍踩掉了一只凉鞋，我索性赤脚参加追悼会，结果因长时间站立，在会场滚烫的石渣上中暑摔倒了。是黄老师第一个关注，不等追悼会结束便请驻学校工宣队的同志背我回学校食堂，灌喝加盐的烫青菜水得以解暑。后半学期，学校组织文艺班师生到玉林县北市公社红江水库、万龙渡槽工地参观并文艺演出三天，黄俭老师随队前往。途中眼看不少学生扔掉随身携带的馒头(馒头夹生)，他耐心劝阻，回校后又嘱我写了篇小评论《要爱惜粮食》张贴在学校食堂门口，旨在提醒师生们要勤俭节约，反对浪费。之后，黄老师再没有担任文艺班班主任工作，我和他打交道不是很多。1978 年秋季学期我从县文艺班毕业应届考取了广西师院(现广西师范大学)中文系。第二年春季学期黄老师奉调到刚刚恢复的省级重点高中广西玉林高中任副校长去了。

1982 年大学毕业后，我恰好成为当年唯一被广西玉林高中接收的语文教师，又得以经常接触黄俭老师。黄老师较我初识时显老了些，但精神状态比我初识时好，在负责副校长工作的同时，还代一个班的语文课。特别是任校长后，仿佛有使不完的劲，经常深入到各科教研室及各年级、班组了解情况，在掌握实情的基础上决策学校的工作。为了全面提高学校的教育质量，他确实到了废寝忘食、呕心沥血的地步。学校在他的带领下，循着正确的发展方向迈进，高考升学率、上重点大学率一年比一年高，学生以学为主全面发展好上加好，对全地区中考考生的吸引力巨大，恢复了“文革”前八桂名校固有的影响力与知名度。作为昔日的老师，当前的同事、领导，黄老师用心良苦，私下对我提出了阶段性的“四项原则要求”：一要上好每一节课，不误人子弟；二要安心本职工作，不这山望着那山高；三要尊重同事、领导，不搞文人相轻；四要以事业为重，五年内（24岁前，我19岁大学毕业的）不谈恋爱。为了监督我落实这“四项原则要求”，他非常关注我的思想倾向和言行动向，甚至我与他同年大学毕业，当时分配到北流县乡镇高中任教的儿子星期六晚上回玉高，我俩聚在一起谈天说地，有时兴致高昂不觉通宵达旦，诸如此类的事情他也要询问缘由，尤其是询问所谈话题的内容，看是否有违“四项原则要求”的苗头。对该“四项原则要求”和黄老师的“垂询”，我可以说得上是内心深深理解、格外感激，言行上自觉坚持，如实作答。黄老师对此当然也甚为满意，在我面前从不掩饰其“为师没看走眼，小子可造也”的欣慰之情之态，更在工作上对我寄予厚望，给予关照，悉心栽培。他给我支招：首先通过参加接待新生报到、给新生发放课本等活动熟记新生姓名；可以通过撰写教学周记“磨”笔防“锈”，记录自己在教学中的“苦劳”“功劳”和感悟，不断学会改进“苦劳”，争取更多的“功劳”等等。他给予我特殊机会、立体舞台：破格带领我现场听取广西民族学院梁超然教授为玉林地区教育教研机构领导、中学校长、主任所做的教育报告，和教授、教育教研机构领导及中学校长、主任们面对面探讨教育问题；指派我赴广西柳州高中、柳铁一中等重点中学听课；点将让我上公开课、示范课；点将让我在有关教学座谈会上发言；点将让我编辑学校文学兴趣小组习作；点将让我撰写全校革命传统教育活动演讲稿；等等。他给我在当时看来不可思议的支持：支持我在全校开设文科讲座，讲授学习方法、先秦诸子、玉林本土文化、阅读导航、文体欣赏等课题；支持我邀请学者作家来学校做写作讲座；支持我利用周末晚上举办读书沙龙；支持我节假日外出参加电影评论、文艺采风、社会调查等活动；支持我推荐学校文学兴趣小组习作到报刊发表；等等。一句话，黄老师对我的信任、厚爱与扶持可谓到了极致。就这样，在黄老师麾下，我深受其影响，一步步成长。在语文教学中我始终坚持这样教书育人：始终坚持培养学生学习语文的兴趣，始终坚持结合语文基础知识讲透重点课文，始终坚持帮助学生扩大阅读量，始终坚持精心设计、上好每一堂作文课，有时写出“范文”与学生共析，确保了所任教的两个班（文理分科后为两个文科班）学生语文水平稳步提高，大部分学生平时腹有诗书气自华，参加高考考取高分如探囊取物，两班的多名拔尖者分别考取了北京大学、清华大学。同时我在狠抓教学质量确保升学率、上重点大学率的过程中，积极与黄老师及本地教研机构进行教学法方面的交流，也得到了一些收获。我撰写的教学随笔《我教语文知识短文》得到地区教育行政主管部门的推介，在一次玉林地区行署教育局到校对全校语文教师进行的语文知识测试中，我也获得了全校唯一的满分。我撰写的《老师批，学生改——作文批改小议》《我这样教语文课》《高中语文教学应该怎样进行》等文章，后来发表在《大众报》《玉林日报》《玉林市教研》《中小学教育》等报纸杂志，获得好评。

1984 年秋季学期，黄俭老师被任命为广西百色师范专科学校校长，将要离开玉林之际，我恋恋不舍，夜不能寐，为他赋诗一首送行：“心怀炽热的爱/老树发新枝/你还属于春天/你是信念的旗帜/给你刻一枚图章/印证你的历史/看盖下去的每一页/都有闪光的记忆/

给你写一首诗/实录人生的意义/朗诵每一个小节/回声都是奉献二字/给你唱一支歌/表达对你的敬意/老树根老枝不老/矢志抽芽乐不疲”。他将我的送行诗称为君子之赠，非常愉快地收下。黄老师履新不久，我也因工作需要，在自治区、玉林地区、玉林市几个部门单位先后密集商调的情况下，选调到玉林市人民政府办公室工作了。在玉林的我与在百色的黄老师一直保持着联系，但见面的机会甚少了。想不到我俩以校友名义相约1990年一同参加玉林市一中67周年校庆，借机叙旧，再来个师生合影的愿望竟未能实现。

时光如梭，黄俭老师离世已经有些年头了，日月不辞，又一个教师节将至，风雨怀故人，喜庆慰故人，心动手随，我写下以上文字，聊表一个学生、同事、朋友的深切缅怀，也祝愿现在的青年教师走好运，能够有幸遇上黄俭老师这样的前辈好老师。（写于1991年9月，原稿发表于1998年7月3日《玉林晚报》）

梁瑞宗：1976年五七劳大附中文艺班校友。

修建围墙　整治校园

玉林五七劳校743班　梁传明

我叫梁传明，于1974年秋就读于玉林县五七劳动学校743班。在学校曾任过班级、学校新闻报道员、文艺队队员，1975年秋担任过在县师范举办的教育革命展览馆劳校室的讲解员。

岁月无情，几十年光阴如白驹过隙。1972年成立玉林县五七劳校，1972年办两个班，1974年办三个班，1976年办三个班，后于1976年易名玉林县中学。在1972至1976年之间成立玉林县五七劳动大学，我们则由此成为劳大附中班。

劳校领导由黄海书、杨令元任正副主任，我们的科任老师是梁辅柯（兼班主任）、李中权，物理老师覃声松，化学老师邓桂福（现任地区师范化学老师），英语老师陈惠芳，政治老师黄俭、唐礼原，农技老师宁有文，体育老师梁光乾。

劳动大学成立后，由陈盛铭任校长，黄海书任教务主任，在总校设农医、会计、理论辅导三个班。

我们进入劳校时，四穿八透，加上1971年的水灾，校内损失惨重,实验室里大部分仪器因水浸而报废,部分教学设施被盗,学习环境十分恶劣。为了改善学习环境,保障师生的生活与学习安全,提高质量,学校决定靠自己的力量,利用校内的有利条件,在校内炸石,由师生运石头、砌围墙。1975 年开始至 1976 年,先由七四届学生开始动工。每周下午抽出大部分时间抬石头到需砌石的地方。1975 年后则由七四、七五两届师生共同努力。围墙起自校门口,经过现市农业试验厂、地区畜牧兽医研究所侧面,后沿江延伸至新教学楼西边厕所旁止。随着围墙的修建,校内的设施也随之完善,加上原来校内果木遍地,学校更显优雅。礼堂侧面建起了老师宿舍。旧清湾江的桥东至围墙根的一段则是由当时的县体委计划在我校建运动跑道,而发动镇三中、四中、江岸学校、庆丰小学、县师范等各校学生老师担泥填平的,由此我校又多得了一块平整的场地。随着如今形势的发展,一中——我的母校,显得更加美丽可爱了。

梁传明:1974 秋就读于玉林县五七劳校 743 班,当时任兴业县卖酒乡文化专干。

致我们已经远去的青春

玉林一中 79 级　吴惠红

年轻时，说到似水流年，总感到有些无病呻吟，弹指一挥间，不知不觉，我们 79 届的同学毕业都已 31 年。韶华虽已远去，但是美好与感动却永驻心间。一中建校 90 周年之际，借着这一盛事，我也回忆下自己最绚烂、最珍贵的中学时光，聊以慰藉下奔波在世俗中疲惫的心。

我的老师

三年的高中生活，印象最深的是我们尊敬的周宗海校长。周校长长期从事教育工作，在 1979－1989 年间，出任一中的校长。在我们上学的三年(1979－1982)中，他殚精竭虑、无私奉献。无论是严寒还是酷暑，每天清晨校长总是第一个起来，敦促我们起床，夜深时，又看到校长沿着我们住宿的地方，喊着："关灯了，休息了"。周校长是一位严谨、务实、内行、实干的校长。在他的带领下，一中实行"爱心、耐心、关心、热心"的人本教育，由于理念正、宗旨明、管理严、老师们爱岗敬业，所以成果显著，不但使学生的学业成绩大幅度提高,还赢得了社会和家长的信任和认可。

在一中的三年,我还遇到了很多优秀的教师。还记得我的首任班主任——15班的班主任是罗惠文老师,罗老师工作非常认真,而且十分尊重学生,在我的记忆里,罗老师从未打过学生,也从未骂过学生。两年后,由于学文科,我被分到了14班文科班。文科班的班主任是李中权老师,李老师四十多岁,中等身材,性格温和,对学生就像父亲对待子女一样。

除了两位班主任,还有其他的科任老师,对我的帮助也很大。数学老师刘书庆是一位十分风趣的老师,他的数学课上得有声有色。刘老师讲课给人的感觉是很简洁、明快,能把复杂的数学问题简单化。让人觉得数学没有想象的那么枯燥、乏味。虽然随着时间的推移,刘老师讲的数学内容已经淡忘了,但课堂中那种愉悦的氛围依然历历在目。

英语老师也非常出色,记忆深刻的是他上课时讲着一口纯正的普通话,那时,一中老师上课大多讲玉林话,英语老师就显得特别扎眼。记得英语老师讲课到关键的时候还会双目圆睁。他是那样的朴实无华,略微有一点弓腰,额头上留着岁月沧桑的记忆,和我后来在大学里遇到的很多老师一样,默默地耕耘,是一代中国知识分子的典范。

化学老师江广松也是一位十分有趣的老师。记忆中,他总是迈着八字步进教室,当他走进教室,大家总是情不自禁地笑起来。江老师有亲和力,授课风格活泼,课堂活跃,善于调动学生积极性,互动性比较强。江老师给我们的印象是很少有老师的威严,但他总是以友待生,是一位难得的优秀教师,充满了人格魅力。

三年中教过我课的老师很多,除了前面提到名字的老师,记得还有体育老师钟德林、语文老师陈业义、生物老师宁有文、历史老师周志坚、政治老师胡涛等。

我的同学

如果说三年的一中生活，给我留下了弥足珍贵的记忆，除了老师们精彩的传道、授业、解惑，就是手足一般的同学情了。这同学情中，又以宿舍情最为真实、丰满。

20 世纪 70 年代末 80 年代初的母校都是平房，无论是学习条件还是住宿条件与现在都无法相比。那时，我们三十多个女生统一住在教室后面的集体宿舍里。刚开始的时候，由于同学之间还不熟悉，每天上完晚自习，回到宿舍就钻进各自的被窝里睡觉，然后进入甜蜜的梦乡。随着时间的推移，同学们已亲密无间，当晚上结束充实而忙碌的学习，回到宿舍，也就不再规矩地各睡各的被窝了。有时会尽情地嬉笑打闹；有时会互相讨论上课时没弄懂的问题；有时因为意见不同争吵得面红耳赤；有时闲得难受，又会从宿舍的这头走到那头。青少年好动的天性此时此刻便毫无保留地显现出来。就这样，天真、快乐的日子在这集体宿舍里渐渐地溜过，单纯、活跃而又有规律的集体生活也日复一日地继续着。当然，不管物质条件多么艰苦，集体宿舍却从来不缺乏刻苦读书的同学。因为那时的乡村孩子能考入县中学读书的人很少，所以大家都格外珍惜这来之不易的求学机会。年少的我同样来自乡村，很早就懂得父母的含辛茹苦和求学的不易，也常常成为打着手电筒埋头苦读的一员。（学校规定晚上十点下晚自习，十点半左右，集体宿舍的电灯也必须关掉。）求学固然艰辛，但最令人怀念的还是同学之间、师生之间始终互相关心、坦诚相见的浓厚氛围，而集体宿舍也让我感受到了同学友谊的弥足珍贵、师生情谊的真挚感人等，多年后的今天，我依然无法忘记这种感觉。

如今，早已习惯于松软席梦思床的我，已不记得有多少年未曾睡过集体宿舍了。但我深知，正是艰苦的集体宿舍生活才使我懂得：年轻时的艰难经历其实就是人生的磨砺锻炼，而这种磨砺锻炼对我的一生都有着十分重要的意义。

用两千字干巴巴地把青春岁月里拔节的三年捋了一遍。不知是否算是最苍白的一份流水账？敝帚自珍原本无可厚非，八方展览就毫无必要了。只是出于无奈。一个月前，一中的老师出面征稿，由于正值期末，事情颇多，拖至今日才得以完稿。青春已远，年轻时的诸多事情都已淡忘，也渐渐丢失了少年情怀，终究写不出饱含情意的文字。但源于对母校的情意，还是主动上钩，应承了一篇，算是对我们已经远去的青春的一种追忆。

吴惠红：一中79届校友，现为广西大学公共管理学院哲学系教授，其著作多次获自治区奖励。

恩师难忘

玉林一中 862 班　谭　浩

时光荏苒,岁月如梭。每当想起自己的母校,想到自己是一中学子中的一员,而且母校这么多年来欣欣向荣地发展,我倍感光荣和骄傲。想到自己在中学的学习和生活,想起培养我们多年的恩师,不禁思绪万千,热血沸腾,泪水翻涌。

高中毕业已整整 24 年了。想起 27 年前,一份来自玉林市重点高中——玉林第一中学的录取通知书打破了我们家乡小村的宁静。在那个年代,我们镇里能考上这所重点高中的孩子是屈指可数的,用我们家里话说就是“考上半边大学了”,全家人和村里人都为我感到骄傲。

回想起高中三年的学习,虽然我的学习成绩不是很优秀,只能算个“良”吧,但在高中三年老师们一直为我们提供培养锻炼提高自己的机会,在授好课本知识的基础上,积极培养我们单科的兴趣,积极组织我们参加各种比赛。另外通过培养我们担任学生干部来提升我们的综合素质,因此,我们在如何做人做事、与人共事、团队组织协调等方面学到了很多的东西，所以不能不想起我的恩师们。

年轻的老师，让我们快乐地学习

在高一未分文理科时，基本上都是以基础课为主，那一段学习期间，学校里刚毕业不久的一批年轻老师给我们留下了深刻的印象。他们就像大哥哥大姐姐一样，跟我们打成一片。当时他们的年龄也就大我们七八岁，师生都属年轻人，非常融洽。如陶飚老师、吴建国老师、谢业政老师、叶裕添老师、甘戈萍老师等等，他们在课间给了我们悉心的指导并给我们灌输了很多课外的知识，使我们的学习充满了乐趣。当然也少不了到他们的宿舍（单身老师宿舍）串串门听听音乐弄些好吃的。他们也会经常参加我们班级或同学间组织的郊游等户外活动，想起那段时光真是太美了太乐了。

善教的老师，培养了我们的兴趣

如何正确引导学生从初中阶段顺利适应高中繁重的学习方式，同时培养学生对单科的兴趣，老师的教学方法是至关重要的。记得我们刚上高一时，当时数学任课老师林科篆给我们的印象是非常深刻的。他善于观察学生的学习情绪和试探学生的思维，而且更善于针对性地施教，根据每位学生的特点进行辅导，诱发学生对数学的兴趣。高一时采用他独特的教学方法，学校组建了数学竞赛训练班，每天下午课余时间由他亲自辅导。我有幸进入了这个班，也就通过那个数学训练班，我喜欢上了数学。在林科篆老师的悉心辅导下，特训班同学们的数学成绩提高得很快。同时在高一高二期间林老师多次组织我们参加市级和自治区级的各种数学竞赛，我们中许多同学都获得了很好的名次和奖项。每次期中和期末考试，他任教的班级总体成绩都比较好，他的教学方式赢得了广大同学的喜欢。

许多同学和我一样都是因他而喜欢上了数学，在高考中，我们曾在数学训练班上过课的同学数学成绩都考得比较好。

慈祥的老师，让我们人生得到启蒙

曾记得高一新生入学后不久，班主任陈志坤老师来找我了解谈话，可能是看过我初中的档案，推荐我担任班里的临时班干部。不久，班委会也组建起来了。我担任一名班委，由于语言的问题，在组织同学活动时，不太适应，但在陈老师的不断鼓励和指导下，我不断成熟起来，配合高一的班长开展了丰富多彩的活动，顺利完成了老师和学校下达的各项任务。高二高三通过同学们的推选，我担任班长。同学们的信任，陈志坤老师的指导，为我高中阶段锻炼综合能力提供了一个良好的平台。在陈老师的指导下，我与团支部书记一起积极组织策划班会的各项活动，出色地完成了学校和老师下达的学习任务和纪律检查工作，因此我在高二时被评为自治区级的优秀学生干部，这为我在大学和以后工作担任干部和领导奠定了基础。

在学习生活上，陈老师用一颗母亲的心关心照顾着我们每一位同学，她对同学们的思想动态了如指掌。我记得当时陈老师每天都是早早地(在早操前)就到操场检查我们班的同学出来列队做操，有时还到每个宿舍去叫同学们起床。下午下课后她没有直接回家，而是到教室找同学们聊聊班里的事或哪个同学的问题，同时给我们讲如何为人处事、如何了解社会、接触社会等等，也常常以我们学校考上名牌大学的优秀学长为例来鼓励同学们努力学习。而每天晚上不管是不是她任课科目的晚自习辅导，她都会到教室去看看同学们是否到齐，观察同学们的学习情绪和思想动态等等。她如此用心地教导我们，就是想让我们学好课程的同时学到做人做事的道理，培养我们的综合素质。她把大部分的时间和精力都投入到了自己的学生身上。现在才想起，陈老师当年的身体就不是很好，由于多年来教学工作和带班工作的劳累，造成了现在这样不好的身体状况，我们作为她的学生感到很自豪的同时，也感到非常心痛。

严谨的校长，造就了优良的学风

在我未上高中时就早有所闻，玉林一中的校风和学风都是很好的，入学第一天我就已经感受到了。这与母校有一支好的师资团队和一个优秀的校领导班子不无关系。说到我们在校时的校长周宗海，可能许多校友都会觉得印象特别深刻。此时此刻，仿佛又让我们看到了他在宿舍窗外督促同学们睡觉和在教室走廊观察同学们学习的身影。他是一位非常严谨和严格的校长，对管理学生和老师队伍也有自己的一套，对学校的许多教学管理工作亲力亲为、以身作则、大胆创新。为此，老师们信任他，同学们敬畏他。他全情投入工作，为一中教学水平的提高和学风的建设绞尽脑汁。一大批优秀学子顺利考上了清华、北大等全国名牌大学，一中优良的传统和良好的学风在母校一直传承至今！据了解，近几年来一中的高考总体成绩不断提升，一本二本升学率连年提高，教学水平和升学率都已算得上是玉林地区数一数二的高中了。作为玉林一中的毕业生我感到骄傲和自豪！

一位位，一幕幕，此情此景像电影一样在脑海里再现。不思量，自难忘。师恩如山，因为高山巍巍，使人崇敬；师恩似海，因为大海浩瀚，无法估量。

谭浩：男，研究生，主管药师，经济师。1989年玉林一中毕业，1993年广西中医药大学毕业。现任广西日报传媒集团印务中心副总经理。

青春关键词

玉林一中 864 班　蔡立梅

回家探亲，又一次路过母校。回望一眼那熟悉的校门，没有走进去的冲动，只是猜想：前年 864 班伙伴们回馈母校的那株红木棉，存活了吗？今年开花否？

记忆中的校园，有那么一株开花的红木棉，在教学楼前东侧，去往食堂的路上。而操场中央，有一株开金黄色花朵的玉兰树，那满树的香花都躲藏在葱郁的树叶中，时常让我在追忆的日夜中仰望。操场一侧的荷塘，婷婷的花朵已埋葬于泥土，连同那些劳动课上我们挖莲藕的笑声。

于是，想起了一部电影里的画外音：青春是一场相逢，忘不掉了；青春是一场伤痛，来不及了；青春更像一场远行，回不去了。

夏蝉

《夏蝉》是我们 864 班女生高二时出版过的一份油印小报，如同夏蝉辉煌的放歌一般，它的存在很短暂，昙花一现。

20 世纪 80 年代，朦胧诗、文艺青年、摇滚青年都是校园里的范儿，油印的文学社社刊一纸风行。

不记得是什么样的缘由，班上的几个伙伴合计出一份自己的班报。作为“主谋”之一，我负责给这份小报起名，写创刊词。

似乎那时刚学了法布尔《昆虫记》的《蝉》，“四年黑暗的苦工，一月日光中的享乐”，蝉的一生，要在地底蛰伏漫长岁月，在阳光中的歌唱却只有短短十几天。这个从沉闷的黑暗抵达光明的生命苦旅，给了我很深的触动。筹划之际又适逢夏至，于是起名“夏蝉”。写得一手好字的谭伟良，请其在教育学院供职的父亲出手相助，用毛笔手书报头，漂亮极了。

班上的女生，有的负责撰稿，有的负责刻蜡纸，有的负责油印……数十份散发着油墨香的班报终于出炉了。我们几个女生，还在教学楼的过道上摆了张椅子叫卖，几十份小报兜售一空。

20多年过去了，当年的那份小报已模糊不清，但每逢夏季蝉鸣四起的时候，我还是偶尔会想起我们的《夏蝉》，我们曾经的放歌：“那种钹的声音能高到足以歌颂它的快乐，如此难得，而又如此短暂。”

黑板报

这里的“黑板报”，是一个代名词，在我的记忆中，它是高中生涯中罕见的一起“逆袭”事件。

高中住宿生活，最痛苦的印象和食堂有关。且不说打饭时食堂路上“万马奔腾”的景象，单说食堂饭菜的粗陋就能引来许多的拍砖，但我们的拍砖，仅仅是口头上的几句牢骚而已，直到一名男生在黑板报上写了一篇“檄文”。

那名男生，据说是某班的班干、优秀生，在“檄文”中痛批了食堂的若干积弊，围观的“童鞋们”无一不拍手称快，也引得许多女生膜拜。

印象中，后来校领导在全校的例会上对此事件做了回应，这回不是处分，也不是打入“另册”，只是对食堂的工作做了些解释。而后，食堂的伙食也真的有所改善。

数学课

数学课，一直是我害怕的。而数学老师卢大铿，却是最让我亲近的一位。前些年听同学说，卢大铿老师已去世，但他的音容笑貌还清晰如昨。

记得一天上数学课，忽然间不知从哪里飞来一只小鸟，一头闯入教室，它扑棱着翅膀，莽撞地四处乱飞，就是找不到出口。

“你看，人跟动物的区别就在这里，明明门口就在那里，它偏偏看不到，硬是要撞墙。”卢老师停下讲课，插播了这句话，然后习惯性地咧嘴呵呵一笑。

像不少上年纪的老师一样，卢老师上课习惯用玉林话。一次讲着课，他又插播了一段，讲了玉林话的古老和它的音韵之妙：“形容某些事物恰到好处、刚好合适，玉林话只用一个‘啱’字、做三个变调就能表达得很清楚……”

那时的教室外面，有一片台湾相思树。一节数学课上，卢老师看着窗外开花的相思树，话题就跳跃到了相思树上，他告诉我们，这种树的树干非常坚硬，是做砧板和家具的好木材……

高中毕业之后，我再也没见过卢老师，高中数学到底学了些什么，统统忘到爪哇岛去了，唯独卢老师上课插播的那些话语，一直没有忘记。

就像那部电影所说的，“青春是用来追忆的，当你怀揣着它时，它一文不值，只有将它耗尽后，再回过头看，一切才有了意义”。然而，我是极少回头的，“再好的过去，回忆的次数多了，味道也就淡了”。在那些关于青春的关键词边上，留存了许多的空白，在空白之中，有更多的想象驰骋。比如，想象之一就是，如果在一中的3年，不得以呼吸那自由而开放的空气，种下一棵树的种子，是否会有今日的我？毋庸讳言，正是当年的那份油印小报，还有老师的包容，让那些青春的梦想，开出了最美的花朵。

蔡立梅：864班学生，读书时为才女，现为广西日报传媒集团南国早报主编。

高中往事

玉林一中 882 班　邹焕钧

马上就要迎来母校的九十华诞了，班主任打电话来约我写写在校时的点滴，说是校庆筹备小组正筹划一本有关学生与学校的汇编作品，十分意外之余，我也一再推辞，不是矫情，主要一是在校时我并不是活跃分子，不善组织表达，甚至还有点木讷内向，回想起来能够算得上“精彩”或“有意义”的事真的没有；二者我也不是那种品学兼优、老师关注、同学仰望的好学生，当年学习成绩平平，基本属于高考的“危险分子”，平时所思所为所表现也有点“非主流”。不过，班主任最后“通牒”称，班上如今活跃于社会各界的精英们一律太忙，无暇顾及此小事，只有我最适合，于是留下邮箱，要求我准时交稿。都这份儿上了，写呗。

毕业离校 22 年了，写点什么？搜肠刮肚，总理不出个道道来，罢了，还是根据斑驳的记忆来整点校园三年里的零碎琐事吧，写到哪儿是哪儿了。

足球。一中是没有足球场的（不比现在有个标准的足球场），学校领导也不太提倡甚至还有点厌恶此项体育活动(据说首先是破坏性强,经常损坏操场附近建筑的门窗;其次这是项“野蛮”运动,容易受伤,影响学习)。不过,毫不讳言,足球却是正值活泼好动、激扬亢奋的青春期男生释放能量的好项目,当然882班的男同学们也不例外。巴斯滕、古力特、里杰卡尔德、马拉多纳、马特乌斯是我们谈论得最多、宿舍墙壁球星海报贴得最滥的偶像。1990年世界杯,住校的同学们没有条件看球,唯一的了解信息的渠道就是午饭后收听广播来获知前一晚的赛事结果,然后是热烈的午休卧谈,常常因此被值日老师扣了分,以致影响班级荣誉。体育课,男生们最爱的是自由活动时间。因为“足球场”并不是真正意义上的足球场,而是四块沙地排球场外加一截跑道组成的,只要把排球网拆下,基本够个九人制足球场的面积。我们上体育课的时候,其他班的学生们都在正常上课,排球场上活动的人几乎没有,也只有这个时候,我们才能无人干扰地把排球网拆下,分成两个队在“足球场”上来回“厮杀”。高三春季期了,应考的氛围越来越浓了,学校领导、老师对毕业班学生盯得格外的紧,校领导甚至在会上“通牒”:这几个月如发现有人在学校里踢球,球当场没收戳烂,踢球者处分。听说后来确实有学生因此被戳烂了球,还受到惩戒,不过不是我们班的同学。

郊游。高中三年,要说最遗憾的,个人觉得,是班集从来没有组织过一次集体活动。这也许是重点高中的教学传统,也或许是当时教育大环境的不二潜规。不过,高二秋季期时,882班的男女同学们曾有一次无限地接近能够集体出游的机会,也只是接近而已。某月某周四,班会课上班主任突然宣布准备周六调课休息(当时还没实行双休),组织全班同学“远赴”桂平西山秋游。哇,郊游!全班!绝对意外惊喜。同学们单调而重复的学习生活,似乎忽然有了增添些许亮色的希望，欢呼雀跃的我们除了用掌声表达此时的激动心情外，已经开始讨论该和谁结伴住宿和带什么装备去了。周五，变化来了。班主任通知我们，周六调课休息有难度，教务处不同意，只能把先前计划的两日游压缩成周日的一日游了。尽管成了缩水版，尽管有点不情愿，同学们还是为能集体出一次“远门”而兴致不减。周六，一场空欢喜。当日，大家都把出行的装备带来学校了，就等班主任到班上再确认一下明天的行程了。一天的漫长等待，直到下午第八节自习课，班主任才怏怏地来说，经过极力地争取，校领导出于安全和惯例的缘故，不批准这次秋游计划。没有过多的解释、没有过多的理由，就这样，出游的计划泡汤了。希望——失望，在短短三天时间里，同学们经历了过山车般的情绪，失落、不满、悲催、无奈的气味顿时弥漫在882班的空气中。高中三年，全班同学没有一起以最青春的年华与大自然来一次亲密接触成了永远的憾事。所以，我们的集体照就只能是毕业照。

烛读。从高二下半个学期开始，每晚晚自习下课教室熄灯后，点蜡烛复习的同学开始慢慢地多了起来，大伙管这个叫“烛读”。学校对这个现象，不明里提倡也不鲜明反对，只是在学校晨会和班会上提醒大家要人走烛熄，以免留下火患。重点中学的学风的确是令普通中学仰视的原因之一，因为在这里但凡有了榜样，不用动员，其他同学很快就会纷纷效仿。烛读也一样，高二春季期教室里的烛光还星星点点，到了高三秋季期，每当教室熄灯后，几乎没有同学会马上离开教室，个个掏出准备好的蜡烛点燃，教室瞬间烛光一片，明晃晃的恰如灯海，蔚为壮观。同学们都在暗暗较劲，谁都不愿意比别人少花时间在学习上，直到11点半后才会陆续离开教室。我也不例外地参加了烛读，只是时间花了，学习效果却并不明显，照样排在班里的中下游水平。

黄汤水。一中用水紧张，特别是傍晚时分，我相信1990年左右那几届学生都会对此印象深刻。至于是当时学校地处郊区没有大口径的自来水管通达，还是学校出于运营成本考虑而少用自来水，这个本人没有考究过。不过，为了解决用水高峰时的用水问题，学校还是急大家所急，不久便请人掘了一口深井，专门抽地下水上来供男生们洗澡、洗衣之用。为何只此用途？见过这水、用过这水的人都知道，抽上来的就一地地道道的黄汤水，还带着一大股铁锈味儿，确实没法往嘴里倒。男生们用这黄汤水洗刷也是迫不得已的事，下午下课到上晚自习就两个小时时间，吃饭、洗澡、洗衣服全都要在这个时段解决，男生们吃饭前还喜欢到操场上活动活动，比如打个球什么的，如果再去食堂那几间澡房去排队接水，估计到上晚自习都未必轮到你。没有办法，也只能将就了，反正大家洗完澡都一股铁锈味儿，也没法你嫌我我嫌你的。只是，大家基本不敢买浅颜色的衣服特别是白衬衫，穿不到一个学期，无一例外都会变成黄褐色的了。

看看现在师弟师妹们的美好生活，再想想我们当初三年高中生活，我忽然感到，那三年“峥嵘”岁月既是酸楚的，又是甜美的。

邹焕钧：1988年882班校友。

篮球轶趣

玉林一中 912 班　韦超华

淡定地泡杯香茶，细细回想，从高中毕业也即将满二十个年头了，而且又将迎来母校隆重的校庆纪念，虽然仍是每天从家庭到单位两点一线地在混碗饭吃，但推辞不过班主任韦绍祥老师的盛情邀约，还是打开了电脑，将一些原来以为早已遗忘的片段一一呈现在电脑屏幕上。

回想在高中年代，虽然更多的是“书山有路，学海无涯”和永远做不完的试题、试卷，但其中也有因为与篮球结缘，夹杂着青春和成长而带来的种种有趣之事。

轶趣之一：抢皮球

我敢保证，这个小标题年轻的学弟、学妹看了，肯定禁不住哑然失笑，都高中生了还玩小朋友的把戏。我要说，这可是真的！

20 世纪 90 年代初，改革开放已经有好些年了，但物质文明也并不是十分的发达，尤其是在玉林这个“南蛮”之地，春风吹过来也会晚一些。那时往往是不同的年级几个班同时上体育课，集合整队完毕，各个班的体育老师会让学生代表到还是泥砖筑成的仓库去领球和有关教具。大概不超过十平米的暗房子里球有很多，可是绝大部分都是胶球，为数不多的皮质篮球最受欢迎，尽管外面的那层皮也差不多磨损完了，甚至还有些许地方露出黑色的内胆。

当然是先到先得，胶质篮球硬硬的，没有弹性，运起来啪啪响，更不用说投篮的手感了，想要在出手那一瞬间把球拨转本身就是一个技术活儿。谁不喜欢皮质篮球那柔软的质地和完美的触感，还有投篮出手后空中飞行时的完美弧线呢？所以，在我们眼中，谁先整完队，谁就能先进入我们眼中的那个宝库，谁就能先选到外观最完整的皮球。如果运气够好，还能用上一个标有“火车头”标志的较新的皮球，那感觉可是爽透心啊，特别是看到别班去晚了只能玩胶球的时候。你说：能不抢吗？

不过，到了后来的几个学期，一是自己也成为高年级的学长了，二是日子也渐渐地好过了起来，班上大家凑钱也能买得起公家的“火车头”了，再后来，就是个人也买“火车头”了。现在我想，应该大多数都是 NIKE 或者 SPALDING，甚至是某些球星限量款了，于是，就没有人能体会到抢到皮球的成就感了。

现在想想，抢到皮球就是“爽”；抢不到皮球，那就“酸”了，惨了！

轶趣之二：西瓜杯

这个可不是用西瓜做奖杯的篮球赛，而是以西瓜为赌注的班与班之间的小型竞技体育。高一年级的时候，有一次专门为新生举办的同年级内的篮球赛，比赛增进了新同学之间的了解和友谊，也算为当时并不紧张的高中三年的学业开个好头。可是随着从高中二年级开始分文、理班，高考这张大网慢慢地笼罩在每个人的心头，而学校方面也不再组织类似的较为大型的篮球赛了。年轻人火力猛，总得有个发泄的出口，加上班与班之间除了学习之外，总得有些相互交流吧。于是私底下的小型篮球赛就慢慢流行起来。而在炎热的夏日，即便是在周末，大家也不愿离开学校，风华正茂的小牛们精力当然是十分旺盛的，甚至可以说是有所过剩。正好一中又处在城乡结合部，一到夏日，校门外的公路两边全摆满了瓜农们贩卖的西瓜，大棚下堆满了成山的西瓜，还有特地打开作为样板的火红瓜瓤，小牛们眼睛都绿了！于是，有斗志、有需求、有盼望，在好战分子的“挑唆”下，约战书满天飞：“有种的就到球场上分个高下吧！”一场比赛下来，汗出透了，过剩的精力得到了排遣，战斗双方的小牛们呼朋唤友，打着赤膊，甩着球衣，悠闲地步向校门外的西瓜摊。过不了多久，约好的赌注，三十斤或者五十斤滚圆滚圆的西瓜就被抱着回来了，更有性急的，两边手上各抓着一大块，满是红色汁水的嘴里还嘟囔着些许不服气，相约下周再战。在校园的中央大道上，慵懒的夏日夕阳映衬着一个个稍显稚嫩又有些健硕而顽皮的身影，也是那个年代张扬的青春。直到最后有一次，某些小牛们或许是因为瓜没选好而集体“中招”，终于引起学校的注意，在行政的干预下，“西瓜杯”这种赛事才慢慢地冷却下来。

那是一个渐渐离我们远去的印象，但不变的是我们对母校、对青春永远的记忆，那些关于篮球的趣事，想起来不禁莞尔一笑。

韦超华：1991 年 912 班校友。

校园琐忆

玉林一中912班　陈国庆

“悠悠清湾江水，环绕美丽的二王园，莘莘学子，成长在这里……”每次回忆起母校玉林市一中，耳边都会想起这首校歌。脑海里还清晰记得文巍老师教我们唱歌的情景，仿佛就在昨天一样，他优雅地站在学校礼堂的舞台上，面对新一届新生，拿着歌词，深情地一句句传授给大家，让我们紧紧牢记，从这一时刻起，我们已经是光荣的、团结拼搏的玉林市一中学生。

当时文老师教我们唱歌的这个礼堂可没有后面修建的钢筋水泥建筑漂亮，学弟、学妹没有见过的话可以在“文革”时代影片中找到缩影，门口是两扇大木门，一个门槛。这个门槛是需要跨过去的，当然有时是需要“飞跃”过去的。这种情形最多的是发生在早操训话结束后，当老师说“解散”的一刹那，包括我在内，众多同学一并拥入礼堂。礼堂的另外一个最重要、最实际的功能就是饭堂，没有饭桌和凳子，我们都是站着吃。百米冲刺的同学，不能说是贪吃的，而是抢在前面的不用排队，可以最快速度地领餐、吃饭、洗碗，然后得以最短时间回到教室早读。工作后，我在一家国内私营大企业供职，领导常常赞叹日企员工效率是如何的高，举例说在办公室都是小跑。殊不知我在母校早就练就了这个本领，这也让我在往后的十年工作中非常适应这个公司的企业文化。争分夺秒，和时间赛跑赢取自己的目标，这是母校教会我们的第一个珍贵的人生道理。

和大礼堂一样，我们新生入住的宿舍也是很大的。那时我们班是40个男生一起住进一间大宿舍，里面分成几排，每排有四张木床连在一起。而实际情况可能更大，我们班的40人跟其他两个班的人中间都只间隔了一层木板而已。进入高中前，早就憧憬着离家的住校生活，但再怎么丰富的想象力，也让我这个城里人想不到睡一个类似大通铺的地方。我睡上铺，往往是爬上去的时候，震荡的横波会波及远端的睡友，并伴随一串滴滴答答的响声。实际上这滴滴答答的响声不算什么，刚入校园的青春小伙子，哪个会乖巧听话地睡觉，早就天南地北地聊开了。而值勤老师来巡查的时候，听到喧嚣，也只能是口头警告，鉴于人多，没有人承认的话是很难挖掘出“元凶”的。但遇上陈支书这个就不是问题。

记得电影《逃学威龙》中周星星卧底刚进入校园时，看着训导主任历数着墙上几十条校训，那一幕常常让我想起周星星同学的表情而喷饭。在一中里，还有一个人也能让我们谈名色变，远远听到他的声音、脚步，都能让我们马上把心都提起来，然后快速在脑海里细数一遍自己最近的言行是否符合了祖国对新一代有志青年的要求。这个人就是陈肇禧支书。多年后我们同学坐在一起回忆时，说起陈支书的种种故事，都是带着感激之情的。正是陈支书对我们的严格要求，才能让我们放荡不羁的高中生活有所收敛，也潜移默化地培养了我们严格要求自己的准则。陈支书是教化学的，课堂上他没有什么架子，多数时候是掏出黑框眼镜，一只手插进裤袋里，然后半倚着讲台用手比画着摩尔定律等等。我记得在答疑课请教陈支书时，他也是非常认真、耐心、带着一些跳跃性思维地回答，语调是和风细雨的。但课堂外的训导是完全两样，陈支书眼里容不下一粒沙子，不守规矩的学生碰到他必定是被直接的训斥，这种直接可以用猛烈来形容，普通一点的他会使用“你个只×”“阿斗”的口头禅，而严重一些的会直接被冠以“反动派”的骂名。在对待熄灯后违规交谈的问题上，某一个宿舍不幸被陈支书发现，“法不责众”的说法在他这里是不成立的，各自互相不承认的结果就是十几个人同时被罚，黑灯瞎火地绕操场跑两圈才能回来睡觉。所以当我在一次挑灯夜读结束后，碰上了陈支书，我是闭上眼睛准备接受训斥了。当时宿舍熄灯休息已过了许久，值周生的巡逻已经结束，我一人走回宿舍，接近楼梯口的时候，迎面碰上了陈支书。我心头一紧，历数了自己不遵守纪律规定、违章学习、颠倒休息时间等等罪名准备检讨的时候，却听到陈支书轻声地说一句“慢慢走回去，不要影响别人休息”，顿时让我不知道自己是准备回去睡觉呢，还是已经睡着了。陈支书就是这样，每天督促我们睡觉而第二天一大早就吹哨子叫醒我们早操锻炼，时而严格又时而和蔼，把自己所有的精力兢兢业业地放在了对我们的教育工作上。然而他又何尝不是我们玉林市一中班主任、年级组长、全体教职工的一个缩影，他们辛辛苦苦为了培育我们，不知付出了多少个日日夜夜，操了多少心。

而我们又是需要操心最多的一届。高二分文理班是通常的做法，但我们在高二分班结束后，传言要进行高考科目改革，从原来的七科变更为“3＋2”的形式。为了让我们能有多一些适应时间，学校再三讨论让我们再次参考新改革方案进行又一轮的分班。这样导致了我们历经了三个班级，因此年级中近三分之一的人都互相做过同班同学，这也使得日后我们相聚互相都非常熟悉。现在的同学聚会，往往只记得做过同学，却忘了是在第几次班级中同一个班主任的了。个别同学会比较有缘，或者是这两人一直做了三次同班同学，又或者是这个人一直都待在6班。而我对分班的理解有偏差，居然跟班主任说，我的文科成绩一直拖后腿，你让我分到文科班去补补文科，回头我再转理科班。班主任只是淡淡地说“别傻了”。

不知道是什么原因，我总觉得老师对我的培养是别出心裁的，又或者说是另一种反向教育。我在北京读书的时候，我的普通话常常是被学友笑话的。但我偏偏被选为学校的播音员，中午在大家放学吃饭的时候，五分钟准时到达学校的播音室，开启系统首先播放一首共青团代团歌：“我们是五月的花海，用青春拥抱时代；我们是初升的太阳，用生命点燃未来……”朗读的来稿基本都是同学们自己撰写的稿件，反映的是平常在校园中学习、生活、运动之事，而绝不会有情感纠结事件的。这种别出心裁又出现在我高二的时候，我终于可以从班里的科级干部（课代表）转为处级干部，却是让我这个最会偷懒的同学担任了苦力第一人——劳动委员，而为了尽责完成任务，结果每次周末大扫除我只能干到了最后。而在一次割草的劳动中，更是被飞快的镰刀拉到了手臂，在校医那里缝了两针。实际上是要缝四针的，但是实在学习不了关公的精神，在没有麻醉的情况下忍不了第三针了。而让我最觉得匹配不上的是学校提升我为部级干部，荣升为学生会学习部长。学生会工作在杨主席那里是有条不紊地进行着的，而我的学习部长自己却实在拿不出什么在岗的本职工作给大家，多数是配合朱同学做做体育运动会的吹哨工作，或者是配合杨同学做做黑板报宣传的抹黑板工作，又或者是配合叶同学在文艺方面的歌咏比赛打打分等。其中我印象最深的是有一次校园歌咏比赛中，林云同学居然上台演唱了一首刘德华的《谢谢你的爱》。这让我刮目相看，原来林同学除了学习非常好以及拥有拆卸了我的录音机装回去后能够多两颗螺丝的本领外，还有一个这么好的本领。

时光荏苒，三年的时间快结束了，临近高考个个都是摩拳擦掌的，教室里的倒计时也一天天逼近，搞得跟上战场一般。但我觉得更紧张的还有我们毕业班的老师，特别是班主任，却在一边安慰我们说不要紧张，要放松。而我确实也傻傻地响应了老师的要求，在高考封场的两天里，跑到游戏厅玩街机放松了。高考结束后几家欢乐几家愁，但我们这一届学生用成绩证明了我们的实力，创出了一中建校以来高考成绩的多个新纪录，其中一个就是本科升学率、人数在历届都有一个跳跃性的新高。

脑海中还飘着关于母校的点点滴滴，这些回忆碎片犹如春天里的柳絮，无法一一表达。在最后，我只想感谢我最敬爱的班主任韦绍祥老师，是他陪伴我们一起走过毕业班的道路，付出了全部的心血；也正是他直到最后还认真指导我填写大学申请志愿书，为我认真分析了高考的估分以及报考学校的专业，最终让我顺利考入北京的一所重点大学。这种爱是另外一种父爱，正如多年以后他女儿报考时，也为他的女儿做了同样的选择。

校情难忘，师恩永铭。

陈国庆：一中912班学生，后考上北京邮电大学，现为华为广西总代理。

往事如歌　感怀一中

玉林一中 913 班　胡小平

日月如梭，二十年弹指一挥间，高中一些生活片断还历历在目。任课老师的音容笑貌时常萦绕脑海，许多同学的趣闻轶事依然留存心头，每一次相遇都感到特别亲切与兴奋！我于 1991 年 9 月考入玉林一中学习，入学后恰逢教学改革，分了几次班，先后在 912、915、913 班学习。现在忆起，时光仿佛穿越回高中时代。

一、男生浴场　高歌一片

当年新生入学时，母校的严格管理是远近闻名的。军事训练，封闭管理，周末自习，假日补课，一样都不能少。但是，校内基础设施甚为简陋。校歌里唱着："悠悠清湾江水，环绕着美丽的二皇园，莘莘学子成长在此间……"虽然歌词意境很美，学习环境却是比较艰苦的。第一学期，我们入住一栋两层楼高的砖瓦房，十多个同学同住一个单间，雨天漏水现象常有发生。楼后边是杂草丛生的臭水沟，不时传来一股异味。右后侧围成一个露天浴场，成为男生的动感地带。冬春时节，浴场的呐喊声、唱歌声最活跃，驱走了学校的严寒与沉闷。男生们为了节约时间，大多洗冷水澡：出门前洗发露头上一抹，到浴场衣服墙头一抛，冷水浇上身就大声一吼，自动唱响《冬天里的一把火》，仿佛火炬就在身边燃烧，全身热气腾腾。一阵寒风掠过，牙齿打架，浑身起满鸡皮疙瘩，只好赶紧穿衣走人。后来有了热水供应，我们依旧坚持冷水浴。因为在每天一吼一唱中，男生果敢乐观的品性得到进一步养成。

二、池塘清淤 热火朝天

1993年春天，乍暖还寒。钟伟仁校长发出号召，全校师生出动清理校内烂泥塘。那口泥塘污水横流，垃圾浮动，似乎成为一口化粪池了。雨季流水搅动深层污垢，臭气熏天，连路人都要捂鼻通过。我们班任务是清理临近乒乓球场的塘角。班主任文巍老师亲临现场指挥督办，班委在塘边插了一面红旗鼓舞士气。大家挽起衣袖裤腿，拿着铁铲、铁桶、脸盆，冒着刺骨寒冷纷纷跳进池塘，男同学挥铲挖泥，女同学传送淤泥，力气大的做搬运工，力气小的做后勤工。不一会儿，尽管池塘内外寒风阵阵，师生们却是大汗淋漓，热火朝天！相邻各班你追我赶，唯恐落后，不时派员察看周边进度。电教组谢老师扛着录像机来回奔走，坚持全程录像，生怕漏过了精彩情节。晚上，谢老师通过闭路电视在全校播放当日录像，把师生劳动的身影搬上了电视。大家看到自己卖力干活的镜头很有成就感，边观看边议论："哇塞，看我们满脸汗水泥巴的，干劲好大呀！""是哦，周边都是漂亮女生，当然会卖力啦！""嘿，你们看，刚才帮男同学擦脸那个女的叫谁啦，好像有点意思哦！"……说话间画面上一个头扎围巾挑着两桶泥浆的男同学从塘边扭着屁股走来，大家瞬间哄然大笑，前俯后仰，全然忘记了一天的劳累和疲惫！清淤后，学校在池塘中心修建了一座凉亭，田田荷叶悄悄浮出水面，鱼群儿欢快闪动，岸边杨柳蓊蓊郁郁长着。从此,一对对浪漫的学子时常环游荷塘寻觅朱自清笔下月色的踪影。

三、支书育人 与众不同

在母校,聆听陈肇熹支书“骂人”是一件畅快淋漓的爽事。记得有一次,早操有位同学端着饭盘飞奔过来,毕竟迟到了那么一点,饭盘尚未放下,操练就开始了。瞥见陈支书背着手踱步走来,那气喘吁吁的同学顿时变得忐忑不安!支书开始发问了:你这个阿斗,全校师生都知道打铃做操,你就不懂规矩吗?你以为学校是宾馆,想来就来想走就走吗?你父母生养你来到这个世界就是让你混日子吗?社会有你这种人管什么用,真是枉费你妈生你时吃的几斤辣姜,还不如以头抢地为社会节省些粮食罢了!……他不按常理的逻辑和夸张手法犹如古龙小说对人性的挖掘一样,层层解剖,入木三分!被骂者,体无完肤,痛改前非;旁观者,忍俊不禁,暗自庆幸!还有一次,我作为值周班干,督促同学晚自习后熄灯睡觉。楼上一女生宿舍笑声不断,接着传来一阵踢门声,我想是提醒她们休息的时候了。这时,女生宿舍传出一句玉林话:“凹谁人呀?拆开只门冇得啦!”门外人用玉林话大声应答:“是我咧喂!”全校同学都听到了陈支书的声音,刹那间整个校园都变得四处静悄悄……陈支书虽然教我们化学课,却经常在课堂上插讲毛泽东、周恩来等老一辈革命家的故事,教育学生养成坚定的信念和高尚的情操,是一位非常敬业而极富经验的老师。但是,让我们最难以忘怀的还是他批评人时那份独具玉林特色的辛辣、睿智与诙谐!

转眼间,当年同窗学友已近不惑之年。在历经升学、就业、结婚、生子、创业、进修、晋职等生活磨炼后,那一个个熟悉的笑脸变得更加坚毅与成熟,昔日的莘莘学子已经成长为21世纪弘扬和践行

"敢为先、善创业、重务实、尚包容"这一玉林精神的社会各阶层的中坚力量！写到这里，我不禁深深思念我们敬爱的老师和伟大的母校，感谢他们赋予莘莘学子成长的力量与豁达的胸怀！

胡小平：1991年913班校友，玉林第一个世界维和警察，现在为交警支队政委。

致我们的老师——永远花开不败

玉林一中 967 班　林湘云

母校成立 90 周年庆，文巍老师在电话的一头跟我说："校庆时抽空回来看看吧！"还是那么熟悉的声音，还是那个平和的调子。

老师跟我约稿说，回忆一下高中生活，书写一下自己的奋斗人生吧。我不知道应该怎么写，准确地说不知道用怎样的文字把这些年的心情完整地串起来，让它们如绚丽的水晶不失原味地挂在那儿，让大家分享，让大家明白。

车上的广播又开始播报路况消息了，噢，今天是高考首日，比我们以前提前了一个月开考，黑色的七月成了我们 80 后的记忆，我突然注意到窗外成片绽放着许多不知名的小花，红的，黄的，粉白的，花花绿绿地漾在一起，满目漂亮的色彩。天啊，这些花是什么时候开放的？这样如火如荼的势头应该不会只有几天的时间吧。打开窗，做一个深呼吸，我嗅得出空气里有许多甜美的味道，有一个很美丽的词突然冒出来：花开不败！

花开不败。

花开不败啊！

我想我终于可以平静下来，告诉你们高三那一年里发生的许许多多的人和事，我想无论将来再发生什么事情，这一年里的点点滴滴、滴滴点点，我是再也不会忘记了。

班主任文老师也是我的语文老师，总是有很多技巧，不管是在授课还是在日常班级管理上，总是会给我们一些惊喜。高三第一次会考结束后，开了一次家长会。我父亲从来没有参加过我的任何家长会，不知道班主任文巍老师怎么动员的，那天竟然来了。会后，父亲很高兴，说他知道我在这当班长，独立性很强，成绩一直名列前茅，叫我加油。我从来没看到父亲这么高兴过，但是我从父亲的脸上看到了女儿成长为天之骄子的期盼。文老师在不经意间传递了他的期望和肯定，使我在那一天看到了父亲的骄傲，也坚定了自己考上重点大学的信念。

化学老师黄创军很有意思，他知道如何根据同学们的个性爱好培养大家对化学的兴趣，如何化解大家对高考的恐惧感。黄老师会让当次考试考得好的同学当老师，上台讲解做题的思路，这让好多同学过了把瘾。我也很积极，努力考得更好些，做了几次小老师，洋洋得意，心中倒真的萌生了以后当老师的念头呢！班上每个同学的化学作业本上都会时不时地跳出老师的一段心里话。我记得有一次，我的本子上写着："要是你能多一本化学查缺补漏本，那该是多么美好的事啊！"当即，我拿出硬抄本，在扉页上写上几个大字"查缺补漏、美好化学"。那个硬抄本现在还留在家里，没舍得扔。硬抄本是高二校运会跑八百米获奖得来的，那时是个稀罕货，又写满了化学疑难杂题，要是我哪天真成成功人士了，这会成为珍品的。

物理老师梁涛是一匹黑马，带着我们驰骋光与电、力与磁的疆场。他性格不羁，教学幽默，课堂间掺杂着些生活笑料，加上人长得帅气，大大的眼睛、高瘦的身材，皮肤跟现在的偶像明星古天乐般透着古铜色的光泽，因而不管男生女生都喜欢他。我们几个班的个别同学有幸参加了梁涛老师的婚礼，心里都很美，总觉得我们跟伴娘伴郎似的，也许这就是青春初动的情思吧。我物理成绩一直不错，在高二时，电路还经常考满分。但是老师并没有特殊照顾我，而且经常忽视我的抢答，我越发懊恼，越发恶补物理课外知识，越发装着也不在乎老师，哼，反正我不用开小灶也能学好，但是他鼓励我参加阶梯教室的加油站，我那真是珍惜得不得了啊。

数学老师覃干兴是968班的班主任，我们两个班紧挨着，总是较着劲。但是在边界问题处理上老师一点也不偏袒968班。老师皮肤很白，长得感觉有点憨，戴着厚厚的眼镜，总是穿着白衬衣黑西裤，上课总是有条不紊，层层推进，由外而内，感觉数学的那种严密缜思是从骨子里透出来的。我现在闭上眼，就能再现老师在黑板上书写数列时的模样，透出的那种书卷气不是像我这般庸俗的小女子矫情所能学来的。

英语老师蒋丽英整个的形象就是漂亮、干净，爽快！不管老师穿裙子还是运动装，都是那么养眼，我们很喜欢上英语课，感觉自己也随着老师大珠小珠落玉盘般脆甜的英文朗诵的起落中时尚起来。老师那会儿重点提倡朗诵和阅读，关于“语感”是如何培养的，老师教的道理让我在今后的外文学习中受用一生。高考我也蛮争气的，英语成绩标准分740分，不知老师是否还有遗憾，学生也总是希望在老师心目中留下好的记忆。

高中三年，我都坚持参加体育锻炼。李老师是我高一同桌的父亲，虽然不是我的体育授课老师，但是他关心了我三年，他的教诲让我受益匪浅，他说“身体是学习的本钱，常锻炼，神清气爽，学习效率更高”。事实证明也是如此。我每天都很认真地完成广播体操，课间也跟同学们嬉戏打闹，下午第八节课通常跑步吊单杠，还参加了排球集训，这些都让我保证了一天旺盛的精力。我从来不属于苦读书的孩子，倒也可以称得上热情好动，所以我每天能保持旺盛的精力、愉快的心情投入学习。最后放弃排球集训，一则因为自己确实不是体育特长生的料子，二则班主任文巍老师帮我衡量了一下，以我当时的学习状态，确实没有必要那么辛苦挣加分，只要稍微花点时间攻克难点，学习成绩还是很容易上去的。我第一次站在芝麻和西瓜面前，在选择和放弃之间衡量，那一刻，我觉得自己成长了，开始学会担当了。老师也就是这个平和的调子，让我自己衡量，实践也证明选择是对的。

高中三年，得到了母校老师们的精心栽培和班主任的信任，我倒也是硕果累累，先后当了玉林市三好学生、玉林地区优秀学生干部，最后还光荣地加入了中国共产党，这没上大学就能入党，也算是香饽饽吧，这还是我们玉林一中的光荣传统呢。虽然我终究还是没能考上清华或北大，但是高中打下了坚实的基础，以标准分综合加成715分考进了湖南大学，“惟楚有才，于斯为盛”，倒也是锻炼了我豪爽上进的意志，每年都能拿点奖学金，做点社团的事情，还当上了学生会主席，倒也成了老师推荐的优秀毕业生。后来几年工作也很顺利，早早在单位当上了主管，在国防事业上做了点小小的贡献，家庭事业倒也算美满，自己虽为人母却仍然血气方刚，毅然辞职下海了。浮浮沉沉两三年，虽没有伤痕累累，却也是在挫败中成长历练，终于稳下来，找到自己的方向，努力去成就自己的人生。

我很幸运，高中能遇上那么多这么好的老师。没有这三年的苦与泪，笑与乐，我的肩膀也承受不了往后的风风雨雨。整整三年，很难忘恩师们对我们孜孜不倦的教诲，很难忘各位恩师们课堂上精彩的讲说，很难忘老师们课后的热心辅导，很难忘高考前的众志成城，很难忘与恩师们经历的点点滴滴，很难忘班主任对我的语重心长，教会我承担，教会我面对人生的态度。这些都像印记一样烙在我的心里，成为我一生中一段不可磨灭的记忆。

最后，我祝愿我的母校玉林一中——育人育德育百年盛况，立业立志立四海名校！

我衷心地祝愿各位恩师身体健康，花开不败，桃李满天下！

我期望各位学弟学妹们刻苦学习，承载你们的梦想，续写玉林一中的辉煌！

林湘云：一中967班学生，就读于湖南大学，毕业后在广州工业和信息产业部电子第五研究所当主管，现辞职任广州中润信息科技有限公司经理。

我的第二家园

玉林一中972班　韦秋琰

欣闻玉林一中九十周年校庆，写下这篇文章记录下这些年来玉林一中陪我走过的日子，寄托我对玉林市第一中学的深厚感情，并感谢母校对我的哺育之恩。从此也可见一中的变迁。

其实，玉林一中一度是我的第一家园，因为从小学二年级开始一直到大学毕业，我的家都在这里。

小学二年级，到现在想起来，真的挺遥远的。1990年，随着爸爸调动工作，我也来到了玉林一中。对于20世纪80年代初出生的人来说，90年代的生活相应来说比80年代要好一些。那个时候，我家最早住处是进门操场左边的小平房，屋子后面是荒草地，屋子前面是石子地。后来搬到校门进门右手边大一点的直筒式一室一厅的平房(现在足球场附近)，有一个小台阶走到门口，隔着门前的小水泥道，是厨房加卫生间，屋后是草丛。我的整个小学岁月就在这两处小平房里度过。那个时候，和邻居靠得很近，经常见面，一群小孩一起玩耍，向表现好的哥哥姐姐看齐，争取给小弟弟妹妹做个好榜样，好好学习天天向上，这是那个年纪的我的主要任务。

除了学习，我最喜欢的事情是爬树，对的，你没有听错，真的是爬树，而且是爬芒果树。以前学校的主干道两旁除了马尾松树以外，就是芒果树了。春天的时候芒果树长新叶，嫩黄嫩黄的叶子，摘下来会闻到青涩的酸香味，很特别。暑假的时候，午饭过后不爱睡午觉的小孩一起出来玩，每个人挑自己平时最喜欢的树，爬到上面，坐好了，聊天，唱歌，或者是数叶子，在高处打量周围，一个中午的时间很快就过去了。当然，一般我们也只能在暑假的时候爬树，因为不需要上学，学校里也没有值日老师，不然一大群小孩吵吵闹闹的，那还得了？寒假天气冷，不要出门也罢。虽然爬了好多年的树，但是一次成熟的芒果也没吃到过。也许因为芒果成熟的季节，暑假时还未成熟？每次爬树只爬到树杈上而已，抬头都只能看到可望而不可及的芒果，也从没想着去摘，也幸好没有去摘，不然万一摔下来，又要闯祸了。印象里只有过一次，在树下捡到两个跟拳头一样大的芒果，那已经是我所见过树上最大的芒果了，于是喜滋滋地捡回家，妈妈说太青了还没有熟，放两天吧。放两天以后皮有点软了，一吃，还是酸得不得了。硬撑着把一个芒果吃完，结果牙齿酸了两天，毫不夸张，我清楚地记得妈妈做的豆腐我的牙齿还是咬不动。

当然，除了爬树以外，我最爱的活动还是看电视。90年代电视机还不是特别普遍，爸爸那时候买了个彩色电视机，虽然尺寸很小，但毕竟是彩色的电视机啊。于是许多的动画片和电视连续剧陪伴着我过了一天又一天。曾经记得有一次为了追看机器猫，刚去洗澡的我一听到机器猫的主题曲，赶紧往浴盆里一坐就站起来说我洗完了，然后想跑去看电视，愣是被妈妈提溜回去重新洗澡。虽然爸爸妈妈都是老师，但是印象中他们对我看电视并没有特别的管制，很多时候暑假他们在午休，我就在小音量地看香港武侠剧。我对香港电视剧的喜爱以及学习说粤语就是从这个时候开始的，一直到现在也没有停止过。小学似乎就在玩耍中悄然度过了。我的领地，只在操场和家附近，最远也只是到主教学楼截止。我现在终于明白，是一中的优美环境培养了我，更培养了一茬又一茬的一中学生跨进大学的校园。

到上初中的时候，又搬家了。这次住上了楼房。虽然是二楼，但也是楼房了。一厅三室的套间，独立的卫生间，厨房，还有一个小阳台，麻雀虽小五脏俱全，条件又好了一些。刚搬到楼房那段时间简直太开心了，活动空间大了许多，还有了自己的房间。爸爸妈妈把带小阳台的房间安排给我住，于是趴在阳台上往下眺望远方就成了每天的必修课。家里也开始装上了电话，用上了冰箱。虽然初中离家步行距离也不过十五分钟，但我想着尝试过集体生活，初中就开始了住校，每个礼拜才回家一次。长大了，不好意思再爬树，因为住校，也没有机会再看电视了，兴趣就转移到了运动上来。那时候对玉林一中最深的印象就是乒乓球桌，因为我爱上了打乒乓球。一中旧食堂出来那一大片场地除了花圃和小喷泉外，翻新建了好多乒乓球桌，比起初中学校整个学校只有两个乒乓球桌来说好很多，基本不用排队，于是很多个礼拜五从学校回家都会去打球，有时候礼拜六参加完学校补课后也打球，礼拜天在家也是打球。乒乓球在国际上一直都是中国体育的一个象征，我很庆幸在初中的时候就参与并热衷于这个国民运动，打下了一定的基础。为我以后在公司的乒乓球赛中取得好成绩立下汗马功劳，这是后话。现在我真切地感觉到，基础是多么的重要，任何人任何事都离不开良好的基础，否则将一事无成。初中的生活很简单，就是学校和家之间的奔走，抱着努力考高中的目标，时间过得飞快。

终于要上高中了。从小就在一中生活，这么多年接触到很多很多的高中生，觉得和小学初中时候的自己相比，他们很成熟稳重、知识渊博，更羡慕他们精彩多姿的生活，现在可算轮到自己成为其中骄傲的一分子了。初中三年一直住校，现在有机会让我选择学校和住家合二为一，我简直太开心了。高中三年是一段特别重要的日子，和别的同学教室一宿舍一食堂三点一线的生活稍微有点不同的是，我是两点一线，教室一家，很简单的生活，过得很幸福。教学楼和家的距离步行只有三分钟，有时候课间十分钟我还能跑回家吃点东西甚至听听音乐。现在想起来都觉得有点不可思议，十分钟的时间居然也可以利用得那么详尽细致。高中生活的确是更加的丰富多彩，众多的科目让我们应接不暇，各种课外活动以及室外设施也让我们融学习和娱乐于一体，把有限的时间过得无限的充实。让人意想不到的是，教室里还安装了电视机，每天晚读过后，是我们的《新闻联播》时间，大家可以更迅捷地了解国家新闻资讯。每个拜六晚上，我们还可以自由地收看电视节目，给忙碌的学习生活增添了一丝惬意，休息过后能更好地投入到学习中。玉林一中是市重点高中，师资力量是非常强大的。我高中所有的老师都很好，学识渊广，经验丰富，课里课外对我们都很用心，精挑细选给我们选择补充教材，对每一道经典题目反复推敲，旁征博引，融会贯通，教会了我们很多很多。他们不仅仅把我们当成学生来传授知识，更多时候他们把我们的成长当成了他们最重要的职责，所谓良师益友说的就是这些可敬可爱的老师们吧。

整个高中，印象深刻的除了老师们的谆谆教诲以外就是严明的纪律了。初中住校每天都会和值日老师见面，高中虽然住在家里，但自己是一中的学生了，也必须时刻遵守纪律。没有经历过高中宿舍纪律，但是平时也会经常和值日老师碰面：每天早上要出操，准时参加早读，每节课上课都不能迟到，午休后上课非常严格抓紧，晚饭后准时参加晚读，在教室的上课时间要遵守纪律，晚自修后自习时间要掌握好。总之，只要在教学楼里，我所能想到的时间点，所不能想到的时间点，总是会出其不意地出现一个又一个值日老师的身影。虽然当时真的觉得很严苛，但现在看来却觉得很有必要。多年以后我深刻地认识到：高中是人生的一个重要分水岭，是一中的良好师资给了我们充实的知识基础，是一中的严格校训逐步地培养出了我们良好的纪律性，让我们端正态度，把时间放在学习上面，更好地规划人生道路，避免以后多走弯路。是一中，真正落实了“为了每位学生的发展”的办学理念，让全体学生都得到发展的同时，也关注了各个学生的全面发展、个性发展和特色发展，铸就了玉林市一中的校魂。

在高中的最后一个学期，我们从20世纪90年代进入了21世纪，生活过得越来越好了。我家也再次搬家，搬到了二楼住处对面的新起的楼房，这次我们选择了五楼，楼层更高，视野更宽阔。新家是两厅四房，面积比起以前来说大了不少，有着大大的窗户以及一个更宽大的阳台。伴随着新家落成，整个玉林一中也出现了越来越多的新建筑——新校门，新食堂，新学生宿舍，新足球场，新员工宿舍，新教学楼，新教职工活动中心，新分校，等等。每次从外地回家，都会发现一中又有了变化，用时下流行的话来描述就是——高端洋气上档次，低调奢华有内涵。虽然人在外地，如同一直牵挂着娘家一样，我也时常关心着玉林一中的每一个变化，为我的第二家园的每一个进步而欢欣雀跃。借九十周年校庆纪念的机会，我衷心地祝福玉林一中的明天会更加美好。

韦秋瑛：我校972班学生，2000年高考以一中理科第一名考上北京邮电大学，2004年到新加坡南洋理工大学读研，现为新加坡国立航运公司工程师。

一中那些年

玉林一中0723班　谭欣欣

一中马上就要90岁了，而我有幸见证了她18年的变化；换句话说，她也见证了我18年的成长——从一个牙牙学语的小娃娃，变成一个爱跑爱跳的小丫头，最后离开了她，踏进了大学的校门。

还依稀记得小时候，一中还没有消逝的景和物，处处都留下了我的足迹。沙地上的单双杆，运动场上的裁判席，被我爬过无数次；假山池被我当作了小学作文的素材，里面的小蝌蚪也屡屡受我打扰；荷花池的石桥、凉亭、石蘑菇，被我“无情践踏”却又奈何不了我；池边的柳树也没有逃过我的“辣手摧残”，上面的柳枝常常会成为我头上的饰物；还有大池塘边上被刚刚学会骑自行车的黄毛丫头用来寻求刺激的大斜坡，以及常被我摘回去喂蚕宝宝的桑叶、被我捉去玩弄的菜虫们栖息的菜地；家门边有一种菜，不仅好吃还能用来做指甲油；如长虹般横贯天际、任由我和小伙伴们在底下钻来钻去嬉戏玩闹的浇菜的水柱；龙眼树上被淘气的我捉回去养的知了；玉兰树上要用晾衣杆才能摘到的玉兰；一中里各种叫不出名字的花，小小的我必须仰视的各种高大而古老（至少在我看来是）的树；甚至骑自行车时会很颠簸的凹凸不平的地面……在我的记忆中全都像蒙上了雾气、有点发黄的老照片，时间过去越久，越是值得珍藏。

自从一中翻新以来，我所怀念的景和物都只能存在于记忆中。物非人非，让喜欢怀旧的我曾一度十分失落。但是上了高中，我正式成为了一中的学子，就像有了个名分，不再单纯顶着“教职工家属”这样尴尬的头衔——虽然那时我还小得对此毫无感觉——一中对我有了不同的意义，她不仅仅是我的家，也正式成为了我的“母校”，而一中那些崭新的设施——教学楼、羽毛球场、运动场等，也任由我和我的同学们去创造了许许多多新的回忆。

教学楼记录了我学习的点点滴滴。我努力过，偷懒过，它也就见证了我在学习上的失与得。我曾经数学差点不及格，恶补了一个星期，曾经辛苦地整理错题集，曾经一本又一本地刷试题，曾经在早读、晚读跟同学们一起摇头晃脑地背课文、背单词，也曾跟老师激烈地探讨一些问题。虽然当时觉得十分辛苦，但如今回头看，全都是珍贵的回忆。曾经学过的知识大都已经记不清楚，但每每在电视上、网上看到一些高中时背过的古文或历史知识，都会情不自禁地小小激动并回味一番。

当然，比学习生活更难忘的是跟伙伴们之间的回忆。一起在军训时被晒成一块块黑炭，一起去面试广播台然后一起被刷下来，一起在课间嬉戏玩闹说笑谈天，一起在运动场开会领导讲话时在底下偷偷即兴角色扮演“乞丐与施舍者”，一起疯狂自拍，一起为了把英语角办好而努力想教学内容想游戏做海报，一起在科技体育文化节时去为运动健儿加油，或者一起留守在本班大本营为凯旋的健儿们斟茶递水，一起每晚抽时间排练自编自导的小品，只为在食堂二楼的舞台上最完美地完成自己的毕业献礼……

人生最妙少年时。进入大学，等于初入名利场，而高中的那段岁月，那点滴的回忆，那最后的不识愁滋味的青春，散落在一中的每一个角落。汗水，泪水，笑声，叹息声，封存以后，全都酝酿成了甘甜的回忆。

如今每到寒暑假回一中时，看到路上来来往往的年轻的面孔，看到下课铃一响，黑压压的人群就如洪水般从各教学楼拥向食堂的盛况，都觉得分外怀念，也分外羡慕。希望每一届的学弟学妹都能够珍惜在一中度过的每一分每一秒，在一中的怀抱里度过一个没有遗憾的青春，也祝愿一中每一年能够输入大批优秀的新鲜血液，输出大批德才兼备的优质人才，造福社会！

谭欣欣：2007年23班学生，当年考上清华大学，文科玉林市第一名。

《育真》伴随我从高中到大学

0304班 罗 夏

一、荣幸加入育真宣传社

2003年我进入一中后不久，就荣幸地加入了广播电视宣传社的记者组。该宣传社是由时任电教组组长谢荣方老师负责的玉林市“十五”规划教学科研课题《寄宿制高中课余多媒体教学活动实践研究》主办的社团，该社团是开展课题研究活动的载体。建立初期，宣传社下设三个组织：广播组、记者组和视频组，曾用名为广播电视宣传社。2004年秋季期，广播组因某种原因与宣传社脱离关系，宣传社从此更名为育真宣传社。2005年年底，视频组也因某种原因被迫解散，宣传社只留下记者组坚守阵地。记者组更名为育真编辑部，三年来我一直负责《育真》的出版工作。

我作为社团负责人之一，与宣传社相伴三年，广西中医学院的入学通知书让我为之挥手告别，心中不免感慨万千，在宣传社的点点滴滴依然历历在目。它给了我许多人生的收获，大学入学通知书就在眼前，可四本《育真》始终挡住了我的视线。

二、对教育现状的清醒认识

育真宣传社秉承“千教万教教人求真，千学万学学做真人”的办社理念，一直致力于我校精神文明建设。

透过各种各样的教育报道，再结合我校的实际情况，我对现今的教育现状逐渐有了一个清醒的认识。中国经济的快速发展要求教育也要紧跟时代的步伐，全国各地对中小学生的素质教育也在不断深入完善。综观而言，成果虽然不少，前途却令人担忧。我们面临的是一个“素质教育喊得轰轰烈烈，应试教育搞得扎扎实实”的严峻现实。教育的各项制度依然很不健全，需要加强完善的方面仍有很多。就我们学生而言，要做的不仅仅是学好书本上的知识，掌握老师的讲课内容。更重要的是学会如何学以致用，将知识运用到实践中来，为我们的生活服务，为我们的人生导航；让我们在成长过程中逐渐形成正确的人生观、价值观和世界观。这不仅仅是我们学生个人的事，还需要老师、父母、全社会一起共同努力。素质教育并不是单纯地要求我们抛开课本凭空实践，而是将各种各样的知识灵活运用，让我们真正地学会做人做事，学会如何在竞争激烈的社会中占有一席之地。这与传统的应试教育是截然不同的，与死读书、片面追求升学率、填鸭式的教学模式是完全不同的两回事。我校于2003年被评为“自治区示范性高中”，利用多媒体教学、电子阅览室、学生餐厅的电视等硬件上的优势，在素质教育建设方面取得了重大进展。但好景不长，2004年新生入学之际，我校取消了学生实时收看《新闻联播》制度，限制了电子阅览室的开放；不久，又更改作息时间表，延长自修时间。这种种做法，难道不是重蹈应试教育的覆辙吗？因此，教育现状不容乐观，“一心只读圣贤书，一心只把功名拿”的趋势难以扭转。我们要做的还有很多，走素质教育的道路依然漫长。

育真宣传社在这些方面进行了许多有益的探索研究，理论上取得了一些成果，实践上也付诸了不少行动，但无奈的教育现状让我们举步维艰。

三、宣传社的艰难历程

重点高中的升学压力并不轻。每天早上五节课，下午三节课，晚上 6:30—7:30 还有限时考试，然后还要上三节自修；周末也不例外。一天之中除去个人自理生活的时间，能自由运用的课余时间少得可怜；每个月都有年级性的月考，每次成绩都要在班级、年级中进行排名。如果因为参加社团活动影响学习，问题就变得非常复杂。

首先是父母，父母当然希望子女能学习用功，成绩优秀，考上好大学，而子女成绩因参加社团活动而下降，自然不同意；其次是班主任，班中如果有人因为参加社团活动经常请假、迟到，影响学习而拖了班的后腿，自然也不允许；再次是同学，同龄人的压力同样会令我们倍受煎熬，别人都争先恐后，你追我赶，自己却是心有余而力不足，参加社团活动的决心也会动摇；最后是自己，谁不希望自己能成为学习上的佼佼者，用成绩来证明实力？而现在却要分心在社团的事情上，成绩却落后于人，自己也会不服气。在这种压力下，参加社团谈何容易？而且到目前为止，宣传社各方面的条件仍然很不完善，学校的帮助是少之又少，在这样的环境下还要管理好一个社团，出版好一本刊物，困难可想而知！一切的责任都推给了社团，一切的问题都归咎于社团。为什么许多人起初选择了“育真”，最后又放弃，症结就在于此。

创社初始，单是一个记者组就有 40 多人，但能坚守到最后的只有 10 个，2004 级、2005 级也延续了同样情况。许多人退出的原因几乎都是一样的，因为父母、因为老师、因为成绩，所以别无选择。而我们也无可奈何，只能硬着头皮，咬紧牙关自己顶上去。人手不够，每个人的工作量都非常大。通常一个人要干完四五个人的活。课余时间太少，又不能占用上课时间，只能想尽一切办法挤时间。课间十分钟，午、晚饭时间和下自修的时间，都统统被我们利用过来了。我们常常会因为忙“育真”的事而忘记上厕所；吃饭时总是一边讨论一边工作；下自修也总是要到宿舍快熄灯了才回去。精神上还必须练就超常的抗压耐磨力，在顶住各方压力的前提下完成学习任务和宣传社的工作。每个人就如一台高速运转的机器，每天都要马不停蹄地工作，才能维持生存。一个星期仅有的半天假期和一个月仅有一次的月假，我们都必须牺牲掉。别人享受假期时，我们却要抱着皱巴巴的稿件跑上跑下地打字排版，设计样式。打印出来的样稿总是改了又改，对了又对，看了又看，梦里魂里都是它的影子时才安心。好不容易熬到书出来的日子，又得开始计划着怎么宣传，怎么和其他学校的社团开展交流活动，要四处联络了解信息。一本书的前前后后，不知耗费了多少人力、物力和精力。完成了一本书的出版工作，新一期的计划又即将开始！特别是第四期《育真》的出版任务尤为艰难。当时我正值高三，正为高考作最后冲刺的准备。这是一次重要的人生考试，容不得我拿前途来开玩笑，必须全力以赴地面对。按照社团以往的惯例，负责人最多到高二上学期就应交出接力棒，退居二线。但宣传社的情况非常特殊，2005级新生到来之际，学校早已是一派“一心抓高考”的紧张气氛，早已没有我当年刚进一中时宽松自然的学习环境。因此他们并没有充足的课余时间参加社团活动，所以尚未真正具备独立管理好社团的能力。而我不得不挑起“育真”的重担冲刺高考。心理上、学习上、生活上都有很大的压力。永远也无法忘记别人尽情学习时自己却在办公室忙得焦头烂额的心情；永远也无法忘记自己为“育真”的事跑上跑下时别人问的那一句：“都高三了你还敢这样啊？”永远也无法忘记别人下课时快乐地谈天说地，自己却要在座位上校对样稿的情景……那些让我至今仍然不寒而栗的日子真的一去不复返了吗？真的不会再让下一个社团负责人重蹈我的覆辙了吗？

四、宣传社的成果与未来

“吃得苦中苦，方为人上人。”如果因为困难而退缩不前，那么成功的人真是凤毛麟角。三年来我们过得非常艰苦，但终究熬过来了。宣传社顽强地坚持了三年，并相继地出版了四期《育真》，由原来的黑白版面升级为彩色版面，这些都是令我们骄傲的成果。而我们每个人在“育真”这个舞台上的收获远远不止这些，它让我们明白世路的艰辛，生活的不易，给我们上了许多堂真实生动的人生之课，为我们踏入社会提供了许多宝贵经验。而我们比别人多了一份人生阅历，一份意外的收获，这是我们成长的财富与无价之宝。在此深深感谢母校“育真”对我的养育！

在此特附上玉林市教育科学规划领导小组对课题《寄宿制高中课余多媒体教学活动的实践研究》的鉴定意见：

1. 课题的研究具有一定的研究意义：研究旨在利用示范高中硬件上的优势，探索一条有效的课余多媒体教育活动的新路子，创新校园文化，让学生在宽松自然的环境中接受教育，并让部分学生的兴趣爱好、个性特点得到发挥。

2. 课题组采用行动研究法，创建了记者团、广播组、视频组、出版实体等学生社团，模拟社会实践，有一定的创新和应用价值；收集的材料较多，研究真实可靠。

3. 课题研究涉及多方面的改革，困难重重，使研究虽取得了一定的进展，但成果还不是很明显。

希望课题组继续进一步研究、完善、提高和扩大研究价值，真正取得预想效果。

上级对课题的评价是客观、公正、恰如其分的，是符合当时的教育形势的。《育真》的实践证明：寄宿制高中如何对待“课余时间”问题，已不是单纯的学术问题，它已深入到教育制度改革的领域，成为应试教育与素质教育的试金石，是一个必须持续探索的课题。

罗夏：0304班校友，原《育真》社团负责人之一。

梦萦一中

玉林一中 0823 班　牟晓晴

伴随着夏季的脚步，炎炎夏风轻敲着梧桐的翠语，知了拨动着仲夏的琴弦，缓缓的，节奏清晰透明，触动我的心弦。在这明媚的季节，我仿佛回到了那段消逝的时光，它像水滴一般，轻轻地，打破我心中的平静，荡出一朵朵涟漪。

时至今日，我仍然能想起，从教学楼间冉冉升起的朝阳，学校栏杆外那让人久久回味的小吃，还有早操时广播体操的动作和校园电台朗朗上口的歌曲，还有曾经非常让人兴奋的放学铃声和晕染了大半个天空的落日余晖。最重要的是，那里有曾经和我一起并肩奋斗了 3 年的老师、同学，他们在我至今为止 20 年的人生中留下了最浓墨重彩的一笔。偶尔想起那些人、那些事，如今已经遥远得恍如隔世，可我知道在那所学校里另一些人的身上那些事还在继续着，而我却只能旁观，我也在新的地方开始了新的故事，故事里却没有曾经的他们。

关于母校的回忆，似乎一下子想起了很多，却又不知道从何处说起。六年前的我，刚刚经历了人生中第一场决定命运的考试，消耗完一个漫长的暑假，满怀好奇与期待来到了玉林市第一中学。那天早上站在校门口的我无论如何也不会想象到现在的我是怎样的生活状态，和谁在一起，生活是否愉快，又会如何回忆高中生活。

高中的生活有苦有甜。苦的是严肃紧张的学习，甜的是与同窗们相处的青春岁月。

严肃紧张，是的，从高一开始我就感受到了一中紧张的学习氛围。一天变成了十一节课，一周上课六天半，每个傍晚还必须对着一卷限时测试奋战。对于我这个从教学环境宽松的初中毕业的人来说，确实花了不少时间来习惯“每天一小考，每月一大考”的生活。但是，每当想到这样能够距离心中的梦想更近一点，这点辛苦也就不算什么了吧。毕竟没有全力以赴，就不可能到达自己的梦想之境。一中就是孕育我们梦想的地方，这点毋庸置疑——有老师不断地为我们矫正方向，兢兢业业为我们每一分的进步付出努力，一中人才能取得今日的骄傲成绩。

虽然说我高中三年的主线是学习，每日匆匆往来于教室、食堂、宿舍之间，但这并没有影响我课余时间信步走在校园的林荫道上，细细感受母校的美丽。早晨我们在树下站队做操，看着阳光从密密的叶间碎落，用手遮住眼睛，让它们顺着指缝洒下斑驳，春绿夏黄秋变红，我们看着它颜色一轮轮地变化，我们跟着它，一年年地长大。飘着桂花香的小花园，是晨读者的天堂，经常是未闻花香先闻读书声，不知在这绿意盎然的环境下背诵古文，能否感受到古人清雅高洁的胸怀？花园旁的乒乓球台和远处的篮球场、排球场，也成了镌刻一部分人挥洒着热血青春、留下美好记忆的地方。

离高考还有两百天的时候，我们在操场上放飞了写着我们梦想的孔明灯和纸飞机，当时天真的我们以为这样我们的梦想就能飞到远方，就能够实现。现在我来到了远方，却无比怀念那个冬日夜晚。再后来，临近高考了，我在两次模拟考试中都遇到了瓶颈，感到压力渐渐沉重。晚自习下课后独自一人静静地在操场上散着步，活动一下在教室坐了一整天的僵硬的身体，想想自己到底想要的是什么，自己的努力到底为了什么。夏季凉爽的晚风似乎吹散了我的烦恼与疑问，一切不都是为了自己的梦想吗？享受完片刻的放空，只是为了第二天坦然面对无尽的试卷。再再后来，一份中国邮政 EMS 快递摆在我的眼前，我的高中生活就这样结束了。

有位校长曾说："什么是母校？就是那个你一天骂她八遍却不许别人骂的地方。"我们曾经那么的喜欢抱怨班主任的神出鬼没，那么痛恨教导主任的古板刻薄。现在呢，我们来到了曾经向往的天堂，每天没人管你纪律了，甚至辅导员都催你赶紧找对象了，每天出门要想穿什么了，女生可以戴漂亮的发饰了，男生可以穿得酷酷的了。可是你真的开心了么，真的就告别成长的烦恼了么？

那些关于母校的回忆，终究沉淀在了岁月里，而我们也各自奔向远方，飘落在天涯。

如今，母校玉林一中即将迎来九十周年校庆。谨以此文表达我深深的眷念，恭祝一中明天更辉煌，恭祝一中创造更多华美新篇章。

祝福您，生日快乐！

牟晓晴：2008 年 0823 班校友，2011 年考入中南林业科技大学。

记忆里的一中

玉林一中0823班　陈瑛新

玉林一中，这个让我实现梦想的地方，我大概一辈子也不会忘记它的样子。白色的大门，校道两旁长着高大繁茂的大树，地上长满了青翠的小草，教学楼和宿舍就在随风摇晃的树叶间若隐若现……这就是我对一中最初的印象。

曾经，我每天在教室、食堂、宿舍三点一线中穿梭，怀揣着梦想，与青春相伴而行。那段岁月里度过的每一天，我永远也不会忘记。

温柔的刘老师

还记得初进一中的时候，我并不太开心，新的老师，新的同学，新的环境，多少让我有些无所适从。但只是因为心中怀揣着的信念，我很快平静了下来。渐渐地，我开始发现了一中的美。

一中不大，但一切都显得很和谐。老师们总是十分朴实谦和，无论在哪里遇到他们，都是如此。刘老师是我的班主任，也是我见过的最可爱、最和蔼可亲的老师。老师的脸上永远都挂着灿烂的笑容。她对我们非常宽容，无论我们做错了什么事情，她都不曾责怪，总是让我们心甘情愿地承认错误。刘老师是一位非常温柔的老师，就像一位母亲温柔地照看着她的孩子。每当大考临近，我们渐渐表现出不安和焦虑的情绪，她很快便会察觉，然后面带微笑，平静地站在我们中间，慢慢地告诉我们，焦虑是如何的不必要，不安应该怎么忘掉。她会给我们讲别人的故事，讲自己的故事，不知不觉地我们仿佛就能从她身上获得力量。

“像春风吹过大地，永不回头。”这句话是她告诉我的，意思是要我们想春风吹过大地一般，放手拼搏，而不必计较太多，患得患失，总有一天我们自然会得到我们应得的。这句话伴随着我跨过浮躁，走过高考，至今受用。是刘老师告诉了我做人的道理。教会了我如何面对恐惧，也教会了我如何在逆境中奋起，我真的非常感谢她。

西北同学

在准备高考的那段时间里，每一天都是十分紧张的。然而就是在这样一个紧张的时期里，我却交到了两个很好的朋友：坐在我后边的西北同学，和我一起欺负他的我的同桌。

西北同学被称为“西北”，并不是因为他是西北人，而是因为他曾经考取了一所西北的大学，去过那里之后却又跑了回来，所以我们就直接以西北代称。西北同学原本是我们班上成绩最好的同学，当然最后也是。但在高考之前的几次大测试中却很少拿到班上第一，他为此有些愤愤不平，扬言一定要东山再起，然后就开始在我身后大唱《老男孩》，跑调、破音、忘歌词，却坚持每天 3 到 4 遍，从不间断，美其名曰“胜利的号角”，我和同桌听得真是哭笑不得。

打羽毛球及食堂

我最喜欢的运动就是打羽毛球，即使是时间不多，我也会抓住每周仅有的两节体育课去打上两场。学校里的场地少，所以我们总是一下课就冲去体育馆抢场地，一年下来就练成了“老手”，球场总是手到擒来。打羽毛球对我来说不仅仅是一种运动，在那段特殊的时期里，更像是一种寄托，一种坚定信念的东西。我一边打一边学，学习正确打球的动作，练习不熟悉的技巧，一天天进步。几个月下来，我的球技却有了出乎意料的提高。

说起食堂，一中的食堂菜色是相当丰富多样的，但是因为地方小，学生多，所以一下课，学生们就都会疯了似的飞奔过去，那场面叫一个壮观哪。我最记得食堂里的桂林米粉，那是在食堂旁边的一个小房间里卖的，食堂师傅给出粉汤，旁边的佐料随便加，而且味道纯正，让人每吃一次都回味无穷，相当满足。如今身在上海，吃的大多是水煮面，味道远不及记忆中的桂林米粉，常常让我感慨不已。

我感谢给予我鼓励的老师，感谢那些陪我度过青葱岁月的同学，更感谢那个曾经给予我庇护、见证了我的成长的玉林一中。

一中即将迎来她90岁生日，我衷心地为她献上祝福，愿她有一个更加美好的明天，一个更加光辉灿烂的未来！

陈瑛新：0823班学生，在2011年考上同济大学。

祝福一中母校

玉林一中 09 级 钟志豪

金秋时节，秋风送爽，丹桂飘香。

记得在 2009 年时，我怀着喜悦的心情走进了玉林市一中。当时的班主任是吴珍老师。

我不会忘记，我们班为吴老师过生日的那个晚上；我不会忘记，我们班在歌咏比赛上唱“就在今天”的那个晚上；我更不会忘记，我们原 0908 班挥手告别的那个晚上……一切的一切，是那么的熟悉，是那么的温馨。

在高中一年级下学期，我们分班了。我来到了 0904 班。我们的班主任是涂俊老师。在 0904 班里，我收获了很多，领悟了很多，感受了很多。正是在 0904 班里，我认识了很多的好兄弟、好同学，那是人生的一笔巨大的财富。也正是在 0904 班里，我了解了如何处理学习以及与之相关的各方面的关系，让我受益匪浅。我不会忘记，我们校运会的日子；我也不会忘记，我们去地理实验室的那个晚上；我更不会忘记，我在教室学习的岁月……

那栋教学楼，承载了太多太多我们酸甜苦辣的回忆，有着太多太多值得我们铭记的时刻。还有那个花园，那一池绿水，那一片莲花，那一个操场，那一个球馆……这一切仿佛就发生在昨天。一中的一草一木，老师的一颦一笑，仍记忆犹新。在那美丽的校园里，我们手握春光烂漫的年华，编织着属于我们的人生七彩之梦！敬爱的老师们坚守着神圣无比的岗位，挥洒着辛勤的汗水，何等高尚！

忆往昔，桃李不言，自有风雨话沧桑。

看今朝，厚德载物，更续辉煌誉九州。

九十年时光，在历史的长河中，只是短暂的一瞬，但是，九十年的时间，可以历练一所学校，一中走过了艰辛，走过了辉煌，在困境中追求突破，在璀璨中点亮斗志。回顾一中九十年风雨历程，我感慨万千：办学条件逐年改善，师资力量稳步提高，教学成绩引人瞩目。回眸九十年，卓然不凡。玉林市第一中学走过了脚踏实地、诲人不倦的九十年；走过了孜孜以求、锲而不舍的九十年。九十年来，正是一中人用自己的青春和汗水，打造了玉林市一中的辉煌；用知识和智慧，挑起了玉林市一中的脊梁；用博爱和文明，积淀了玉林市一中的底蕴；用豪情和壮志，书写了玉林市一中壮丽篇章。真可谓：耕耘共收获一色，奋斗与成绩齐飞。

九十年，桃李芬芳。每一个心灵都有属于自己的梦想，每一个梦想都有属于自己的天空。玉林市一中是一片智慧的沃土，一座攀登的人梯，一盏不灭的烛灯，一个灿烂的星际。在这一片属于梦想的天空，用阳光和希望，为无数心灵托起飞翔的翅膀。九十年璀璨，聚焦多少远眺的目光；九十年雄视，生长无数奔放的诗行。风雨九十年，悠悠情怀。我们不会忘记，玉林市一中的每一位可亲可敬的老师；我们不会忘记，玉林市一中的每一位校友。九十年校庆，召唤着我们的希望与梦想。让我们以九十年校庆为契机，在传承中发展，在发展中创新，把握新课改的脉搏，以高标准推进素质教育，坚定不移地走创新发展之路，让每一个学生得到德智体美劳全面发展。进一步增强“今天我以一中为荣，明天一中以我为荣”的情怀，谱写出玉林市第一中学的华美乐章。

饮水思源，作为一中的校友，我深切感怀母校的栽培，也密切关注着母校的发展与变化，时刻希望能有机会为母校贡献绵薄之力。祝愿母校积历史之厚蕴，宏图更展！再谱华章！

钟志豪：玉林一中 0904 班、0908 班校友。

高中的回忆

玉林一中0901班　黄太林

上大学已经一年了，对大学的生活已经适应，但是不知怎么的，我却有点怀念高中的生活了。想当年高中时天天骂，可此时回想母校却是最好的。大学就是半个社会，这里面充斥了各种名利以及激烈无比的竞争，大学里已经很少有高中时的那种单纯和很难交到知心的朋友。所以我想告诉现在在高中的学弟学妹，好好珍惜难得的高中时光，好好珍惜全班同学为了高考这个共同的目标而一起奋斗的时光，这些时光虽然苦涩，但却是幸福和充实的。

高中最让人难忘的始终是学习，高三时全班同学每天都在紧张的学习当中，每一个人都生怕浪费一分一秒，每一个人都害怕自己的学习成绩下降。一旦考试来临，每个人都如临大敌，考试结束后，有人欢喜有人愁，有的同学庆幸自己看到的那一章刚好考到，有的同学叹息自己文综又没有写完，而且选择题很多是蒙的。但总体来说，大家都还比较高兴的，因为一次考试结束了（虽然还有许多的下一次）。考试结束的那个晚上注定是一个不平静的晚上，同学们吃完饭洗完澡回到教室后就要面对一堆答案，于是一部分同学迫不及待地对起了答案。你看，他们一会儿露出一种不知名的微笑(估计是蒙对了)，一会儿又捶胸顿足，还时不时向同桌述说自己那坑爹的考试过程(估计是一开始选对了，后面又选错了)。当然还有一部分同学不愿意对答案，避免破坏自己的好心情(我就是属于这种人)，他们拿着课外书优哉游哉地看，真是羡煞旁边对答案的同学啊！当然，考完试并不只有枯燥地对答案，有时班干部会在晚读的时候组织唱歌，全班同学一起高歌以排解因考试而烦闷的气氛；有时老师也会在多媒体教室给我们放映好莱坞大片，让我们忘却考试的苦恼。我觉得以上这两种娱乐方式很值得在一中推广，因为我们高中生活并不是只有学习和考试，我们应该丰富我们的高中生活，让我们在成年之后不至于后悔。

好了，回忆了那么多高中时有趣的事，相信学弟学妹已经厌烦了。现在我就讲一些对学弟学妹有用的事，那就是关于高考和学习方法。

每个高中生都对高考又爱又恨，一方面以为高考结束后就可以脱离苦海(其实这也是另一个苦海的开始)，另一方面又害怕自己考得不好而辜负父母。我当时也怀着这种心情踏入高考考场。第一科语文考起来实在没有太大的感觉(因为我本人不擅长语文)。第二科数学难度陡增，我有近两题没有写完，考完之后我非常沮丧，我的王牌数学不好，那我就失败一半了。不过考完后和其他同学交流(老师曾明令禁止这种行为，不过我们还是违反了)，别的同学也考得不好，我的心情稍微平静。第三科文综又出奇的简单，我又害怕自己的优势发挥不出来。英语考起来也还是没有感觉，我当时估计文综也就是不好不坏的份了。成绩出来后，我的优势还是发挥出来了,数学和文综把我的分数拉上去了,我也考上了我理想的大学。我讲我的高考的经历,只想向学弟学妹们说明一个道理:无论考场上遇到什么怪题难题,都要保持自己情绪的稳定,这个至关重要。无论你多厉害,如果你考试时失去方寸,那最终也就只有失败这一条路。讲完了考试,我也讲讲平时学习注意的事项。取得好成绩,勤奋自是不用多说,然而在勤奋之余,我们也需要保持良好的心态,讲得透彻一点,那就是要快乐地学习。其次我们必须多参加体育锻炼,这样才能有一个好身体。对于锻炼这一点我深有体会,我是一个多病的人,高考前的几个月因为学习强度太大,时常生病,老是回家,浪费了不少学习时间。可到了大学之后,我积极锻炼,坚持跑步,大学一年都没有生过病了。如果让我再选择一次,我一定在高中时多抽时间来锻炼身体。还有,学弟学妹们应该多跟老师交流,多向老师请教学习方法。

希望学弟学妹们要多珍惜高中时光,珍惜那份充实和感觉。高考之道贵在坚持,只要付出了相应的努力,每个人都会收获自己想要的结果。还有最重要的一点,就是过得快乐一点,不让自己虚度人生最美好的一段时光。

黄太林:0901班学生,平时勤读书,2012年考上中山大学。

奋斗并快乐着

玉林一中 0901 班　周　远

在一中的三年，是我度过的一段最美好的时光。虽然在为高考奋斗的那些日子里，经受过无数次挫折，但与此同时，父母、老师、同学的支持以及母校潜移默化赋予我的情怀，让我最终经受住了磨练，也在最终获得了高考的成功。

回首高中三年，难忘的画面历历在目：曾经拼搏过，曾经欢笑过，曾经痛哭过……经历了很多，而“坚持”二字一直是我矢志不渝的信仰。

对于学习，我从不会马虎对待，因为我知道，读书是为了自己，于我，读书是唯一的出路。我认为，每个人不一定要成为伟大的人，但一定要有这样的理想，只有这样，才能不断进步，不断提升自己，也才能有成功的机会。所以，我一直以这样的理想指引着自己。我相信学习不是一朝一夕的功夫，坚持积累才是成功之道，因此我对于学习的基本任务从来都是认真完成。而除了这一点一滴的努力之外，我还会注意保持积极的学习态度，比如上课积极回应老师的问题(这时候不一定要站起来回答老师的问题,与同学们一起答也可以,重要的是态度),或者不放过每一个自己不懂的地方,问老师或问同学等,通过这样的行动来调动自己的积极性。当然,我也收到了很好的效果。

对于一个学生来说,成绩的起伏是很正常的。而我,在高中三年里,特别是高三这一年,成绩的起伏更是明显:这一次考试在年级前十,下一次却在年级前五十之后。那时,看着身边一起学习成长的同学成绩不断提高,自己却一直停滞不前,真的感觉压力很大。可是,每当自己越想争取进步,却越得不到自己想要的结果。然而,正是因为有了这样的经历,我的内心才得以锻炼。在高考前的诸多考试中,我的成绩并不是很理想。正因为练就了强大的内心,我对成绩少了一点在乎,多了一点反省,我做的更多的事是找出错误,然后改正。尽管有时候我的答卷上满满都是红叉,但我一直告诉自己:没关系,错多了反而是件好事,可以让我在高考前查缺补漏得更多!因此,我也感谢我在学习道路上遇到的这些挫折,是它们让我学会坚强。

遇到挫折时,我学会了自我鼓励,同时,父母一如既往的支持对我也起了很大的积极作用。高中的三年里,每每遇到什么自己解决不了的、烦恼的事情,我都会向父母倾诉。也许他们有时候也不知道该怎么办,但总觉得跟他们说过后,我会变得轻松一些。所以我觉得,父母永远是我们的坚强后盾。

除了父母给予我的支持,在学校里,老师也给了我很大的帮助。每一天,我都会非常认真地对待每一堂课。如果遇到有什么问题,我会抓住一切机会去问老师。除此之外,如果遇到了什么生活中的烦恼,我也会向老师求助。这是我在一中学会的又一点。因为只有告诉了老师，老师才会知道我们需要什么，才能更好地帮助我们。

高中三年，如果只是学习，自然太乏味了。很感谢，我认识了那么多热情友好的同学，课余时候，一起跑步，互相开开玩笑，大聊八卦事件……另外我也很庆幸自己在高一时加入了自律委员会，之后得到赏识又成为了学生会的一员，这让我得到了非常多的参加课外活动的机会，也结识了更多朋友，我的高中生活因此而更加丰富多彩。

感谢一中，让我的青春飞扬得如此的绚丽多彩。我为自己能在一中度过这美好的三年而感到庆幸、自豪。当然，我更会努力让自己在踏出母校后，能继续创造精彩，为母校增添荣光！

周远：一中0901班学生，现就读于广州中山大学图书馆专业2012级。

高中生活琐忆

——献给九十岁的母校

玉林一中0910班 文诗宝

人的一生要经历许多阶段，比如天真无邪的少年时代，快乐无忧的花季时期，激情如火的青春岁月，厚重缠累的中年时期，从容淡定的人生暮年。每个时期都有独特的风景，每段岁月都会给人留下不同的感受。高中生活似乎永远说不完也道不清，回首高中三年，许多往事早已被时间冲淡或烟消云散，留在脑海中的只是一个个碎片。今天，就让我拾起每一个碎片，回忆那段美好的记忆，纪念我的高中母校和高中生活。

时间不知不觉过去了，我们已经毕业一年了，但是我们在一中的生活还是历历在目，校园的一切看起来还是那么熟悉。三年，我们走遍了校园的每一个角落，一中已经不单单是我们学习的地方，而是我们的第二个家。

我们的母校，帮我们完成了从初中生的懵懵懂懂到大学生的成熟理智的过渡。在这里，我们不仅收获了知识，还收获了纯真的友谊，还记得我们的班主任说过，在高中收获的友谊是你这辈子最珍贵的财富，因为我们已经脱离了初中生的幼稚，又没有接触社会的钩心斗角，我们用最真挚的友谊演绎了我们的高中生活。

三天的军训时间让我们从毫不相识的陌生人变成了一个团结的班集体——0901，虽然会操的二等奖都没有让我们满意，但是军训让我们学会了吃苦耐劳，团结努力。随后而来的是高一歌咏比赛，每天的午读时间学校里就会传出不同班级的合唱的声音。我们一班唱的是《站起来》，每次唱都会让人有一种激情澎湃的感觉，不仅训练了我们的合唱，还让我们从午睡的睡眼朦胧变得精神抖擞。不管后来的比赛结果怎么样，我想我们班的同学只要听到那熟悉的旋律都会想起那些我们在一起的日子，想起我们一起在台上表演的时光。

随后的文理分科把我们刚建立的小集体拆散了，同学们被分到不同的班级去了，尽管不舍，但是我们又都拥有了新的班集体——0909班。在这里我们共同努力，一起笑，一起哭，这是承载我们的欢笑和烦恼的一个温馨的家。我们一起举行了拔河比赛，我们还有一张特别有爱的集体照。在这里我们一起努力，让我们班的成绩一直稳居年级第一，我们的小集体也获得了优秀班集体称号。

不只是我们的班集体，我们的宿舍小集体也是值得我们一直铭记的珍贵回忆，每天的朝夕相处让我们更加珍惜彼此，我们彼此当成家人看待，不见了会想念，虽然偶尔也会有摩擦，但是我们之间的友谊是多年以后无法追寻的千金难买的回忆。我们一起生活，一起学习，我想多年以后还是会想起那些充满欢声笑语的片段，熄灯后一起卧谈，聊八卦，聊人生和理想，一起想象我们的大学生活……

高三的时候我们又一次分班了，但是经过两次分班之后我们认识了好多同学，所以这次分班没有影响我们，我们还是有一样的老师，上着一样的课，尽管在不同的教室，但是我们一直都在一起。

高三是我们高中最值得回忆的，因为这一年的奋斗教会了我们很多东西，不管最后我们考得怎样，去了哪里，高三的奋斗史想起来还是会自豪。它教会了我们吃苦耐劳，刻苦努力，以及很多我们在课本里学不到的东西。我们每天起早贪黑地学习，为了挤出一点时间学习把饭打到教室吃，每天晚上睡觉之前都要挑灯夜读一会儿。高三很重要的一个回忆就是小台灯，它们见证了我们的付出，它们陪我们度过了每一个奋斗的夜晚。

高考前，我们每天基本都是三点一线，最舒服的时光就是每天下课的时候我们一起聚在走廊上聊天，既缓解了我们学习的疲劳，又改善我们的心情。在高考前几天，学弟学妹们还在楼下给我们加油，现在想起来就觉得很温馨。

毕业后的我现在在武汉，每当看到一些与高中有关的东西，我总会想起我们的曾经，那些不言而喻的日子，那些心照不宣的岁月，连同转动的生命、灿烂的轮回一起搅拌在成长的海洋里。当记忆的海水倒满，我们的祝愿涨潮，丰满成一轮明月，就像一路歌唱的天使，唱到繁华落尽余晖，唱到铅华洗尽容颜，最后沉淀下来的是我们定格在毕业照上最真实的笑容，永远也不会散开的笑意。我想那一定是世界上绝版的美丽，像安静的雪花，承载了大片大片的过往。我们憧憬了那么久的未来会是什么样子？在梦与梦的交界处我们能听见智慧拔高的声响，像长在操场上的杨树枝丫有力地向上刺破天空！

谨以此献给九十岁的母校——玉林市一中

文诗宝：0910班女生，很勤学的一个农村姑娘，2012年被中国地质大学录取。

回忆母校一中

玉林一中 0904 班　欧阳夏菲

“开始的开始，我们都是孩子，最后的最后，渴望变成天使。歌谣的歌谣，藏着童话的影子，孩子的孩子，该要飞往哪去……”听高三毕业生的原创歌曲《北京东路的日子》总会百感交集。每每想起高中三年的点点滴滴，思绪是剪不断的。从青涩懵懂到渐明事理，从年幼无知到成熟稳重，这里，见证了我的成长。

在一中，我有幸成为了一个短暂团体中的一员，0908 班。那时候，我也很顽皮好动，物理可是我最头疼的科目，尤其是到了学期期末频频挂掉。这也是我毅然决然地选择文科的一个很大原因，不知是否有亲爱的弟弟妹妹也和我这学姐一个德行呢？咱们的班主任可是个正儿八经的物理高材生，但遇上我这颗“难剃的头”，她也只能一筹莫展。学期结束后，她对我说：“我发现你非常有潜力，可怎么就是学不好呢？”OK，既然我的优势和兴趣都不在理科，那我便把我的潜力用在文科上！高一的下半学期，我接上了 0904 班的缘。

三年的时间，我的教室从已经成为历史的教学楼迁至诚信楼，高三那年据说因为教学楼人杰地灵、风水极佳,我们便再从诚信楼搬迁回教学楼,所以,我们有幸成为这栋楼的最后“户主”。是的,这里没有空调和瓷砖;每逢大到暴雨,一楼总是难以幸免成为“重灾区”;厕所和楼梯经常人满为患,被人称为外强中干的危楼。但是,她有着朴素的美丽和传统的学术风格,所以我们更喜欢更习惯在这里学习。踩着没有瓷砖的水泥地,接地气。夏天能把窗户全都打开,享受自然风。最重要的是,望着校门方向一片开阔,别有一番理想腾达的希望感。在这里,除了班主任的课,我都会拿早餐出来啃,满嘴的面包还接老师的话茬子。上自修的时候也偶尔躲着老师,偷偷看小说、杂志,或是发呆一整节课。体育课是最开心的,和大家一起打气排球或者跑小超市,早早地把饭打回宿舍然后第一个洗澡。不得不说的是电脑课,能上电脑课是极其兴奋的一件事,大家都在等老师讲完课后那仅剩的十来分钟,联网看图片、动漫、QQ空间、聊天……因为那是属于我们的娱乐时间。现在回想起来,那是多么童稚和美好的画面。青春就是这样,当你经历过、品味过,再从头到尾地回忆过,你会发现这一切都是那么的珍贵和独特。

我最想念的还是他们——一起并肩作战三年的同窗以及对我们掏心窝子的老师。曾经的战友如今都各奔东西,大家也都在各自校园里忙碌着,但我们绝对不会放过假期重逢的机会。相识和相知,其实就是难得的缘分。一谈到老师,首先不得不说的就是我们的俊哥(班主任),在分班前也是由他教我们政治,所以这三年我的政治理论全都被他“垄断”。他是个工作认真细致、对我们非常宽容的老师,我们很爱往他办公室跑,和他吹牛,与此同时,也被他一针见血地指出我们的弱点和毛病,在平日里还常被督促一定要改掉。班里有几个男生特别调皮,他为此难免心烦生气,但是从没有真正地下过狠心“处置”他们。到最后毕业宴的那天晚上，在离别之际老师哭了，那几位男生也哭了。他们说：俊哥，这三年我最要感谢的和最不能忘的就是你。师生情，如山重。江广勤，咱们的语文老师，同学们都亲切地称他为“江哥”，他上课绝对激情四溢，是大家心中名副其实的大哥哥。他博览群书，古今中外，天文地理，他都能侃侃而谈。当下的时事，古代的逸事，他都能讲得头头是道。他能和女同学一起讨论三毛、琼瑶，也能和男同学一起畅言金庸、古龙，深得大家的喜爱。还有急学生之所急的 Tracy（英语老师曾业梅）、温柔可爱的小熊老师（地理老师熊国媛）、言辞犀利的卓哥（历史老师卓皓阳）、学识渊博的通爷（李传通），都一直伴随着我们的成长，尤其是在高三备考阶段给我们指点迷津、引导方向，一对一地讲解，手把手地教导，那些付出和汗水，历历在目。

话匣子一被打开，便很难收回。在西大里，我遇到了一个曾经的校友，他说他立志回一中教书，因为有着很深的恋校的情怀。对于每一位在这里生活过的孩子，都对这里有着难以割舍的感情。特别是高三，百日誓师、挑灯夜战、倒计时、应战统考……那些并肩奋斗，为一个问题争论不休紧张而又充实的日子实在太刻骨，刻骨得无法忘记。

我对每一位在一中学习的朋友掏几句心窝子：好好珍惜高中的时光，它是你夯实基础、塑造性格的黄金时期。好好利用大学的时光，在这里你会有很宽广的平台自由发展，有充足的时间发掘自己的优势和兴趣，使你真正成为社会需要的有用之才。活在当下，放眼未来，愿同学们学业有成，祝老师们工作顺利，愿一中的明天更美好！

欧阳夏菲：玉林一中 0908 和 0904 班女生，现就读于广西大学。

校友诗词

贺一中校庆

郁林联中初26班　卢盛富

一中母校庆芳晨，　绛帐高悬越百春。
曾沐甘霖思颂德，　历尽艰辛测风云。
当年桃李千枝秀，　今日弦歌万曲欣。
仰望校门风景好，　树人百载喜传新。

母校恩情永不忘

——为玉林一中九十周年校庆而作

郁林联中50级初16班李丕防

入读“联中”十六班，全班数我最艰难。
家里无钱米又少，　餐餐食粥当饭餐。
自己锄地种青菜，　同学帮我渡难关。
肇禧家霖两挚友，　餐餐给我两壳饭。
恩师爱我胜父母，　毕业叫我考师范。
马到山前自有路，　果真如愿上金榜。

毕业留梧教小学， 后到中学挑重担。
“两落三上”教育局， 一分热发一分光。
离开“一中”六十载， 母校恩情永不忘。

忆联中

——读《母校思情永不忘》有感

郁林联中50级初16班 陈肇禧

郁林解放组联中， 教育事业谱新编。
课程增设政治课， 思想改造为首重。
和平签名反美帝， 全民行动气昂昂。
捐购飞机兼买炮， 打败美国野心狼。
“清匪反霸”收私枪， 参观土改到“瑞垌”
“三反”“五反”打老虎， 联中学生也出动。
抗旱救灾茂林去， 群众盛赞学生好！
半夜鸡叫是何故， 防蚊错摸鸡笼棒。
党政新的政策出， 环城宣传扭秧歌。
开门办学结硕果， 政治思想得提高。
齐心向着共产党， 报名参军争先锋。
课堂授课“循五步”， “双基”扎实又牢固。
体育锻炼“劳卫制”， 自觉贯彻身体好。
无钱米少共盅饭， 互相帮助穷快乐.
团结友爱亲无间， 严肃活泼好校风。
社会人才极奇缺， 不升学也配工作。
专家英模大大有， 联中学生满天下。
喜庆一中九十旦， 争取更大的光荣！

贺玉林一中90周年校庆

鬱林联中45班　钟业勋

一中岁月九十载，　代代良师育精英。
含辛茹苦倾心血，　默默耕耘献深情。
业绩辉煌史作证，　满园桃李吐芳馨。
开拓创新迈大步，　中华大地扬美名！

献给母校恩师

鬱林联中32班　李世海

严谨恩师情谊浓，　年年几度忆音容。
德国日月碧空照，　育人春暖残雪融。
热血浇开千般绿，　精心培育万花红。
校园代有良才出，　祝愿常青似柏松。

祝玉林一中90周年校庆

鬱林县第一初中10班　唐典杰

九十华诞耀一中，　精英培育建殊功。
任凭大地沧桑变，　桃花依旧笑春风。

一中同学50年聚会有感

欝林县第一初中11班　田应初

春秋五十挥手间，　绵绵思念一日还。
南流江畔相戏水，　一中学堂共登攀。
三载勤奋立壮志，　一生劳力战万难。
功成名就再相聚，　相见鬓发两斑斑。

同根生

鬱林县第一初中57班 罗振才

同起勾杈我就唱，水洗米唛就开声，
破竹开边节已过，唱首山歌来倾倾。
大锅煮粥闹闹滚，鸡叮菩萨几津城(几精神)。
头脑千斤大欢喜，嘻嘻呵呵真高兴。
手捧槟榔真错(托)，个样聚会你讲灵有灵。
簕竹翻根知到底，火烧生柴实难燃(言)。
自从那年那月日，猪蹄破边分了手，
狮子上山龙归海，何时才得两相联?
镜子蒙尘难见面，我人总要两相联。
中秋又兼闰八月，团圆过了又团圆。
木杈木枝同根生，兄弟姐妹同个娘，
火砖共瓦同窑出，米佬簸箕一行人，
门神正月来相会，自己要认自己人。
同个锔里捞花生，你我都是一家人，
鸡头杯共猪公放，你亦冇嫌(腌)我冇嫌(腌)。
开口邮箱信得过，手搓麻绳另起头。
锦上添花色更艳，蔗汁拌蜜味更甜。
放落勾杈我冇唱了，米唛放回柜角肚，
山歌至此暂收声。
同学们，唉!
举起酒杯慢慢倾。

玉林山歌

鬱林县第一初中56班　黄承荣

立起交叉我就唱，　龙箭冲天后晓声。
炮着同泥我臻足，　爱结遇歌颂晓情。

同窗好友同一舟，　肝胆相照不用愁。
惊涛骇浪安然过，　船过彼岸自在游。

葡萄美酒夜光杯，　才饮琵琶马上催。
醉卧果然君莫笑，　爱国奉献庆凯旋。

忆昔盼远

欝林第一初中第10班　谭锦华

绝句

忆昔风华茂，　玉州桃李红。
流湾江水碧，　南国建奇功。

满江红

梦绕魂牵，一中昔，书声笑意。操场上，跳腾穿织，惹人尝试。德智体劳校风好，良师贤弟高标尺。几十年，南北各东西，常回忆。

清江畔，百花丽；新世纪，浴朝日。天高鹏振翮，顶峰争炙。科学铺平舒坦道，后生奋发骄阳志。待来年，我校满庭芳，凯歌至。

满江红

江畔南流，依稀记，青春往昔。师德好，苦心培育，花红果丽。德智体音全发展，农耕实验皆争一。众雏鹰，奋翮往前飞，顺风逸。

玉州美，凭鼎力；环宇红，留涓滴。到如今，个个平安祥吉。子孝孙贤多合意，家和体健少忧惕。紧叮咛：珍重寿期颐，重相集。

忆江南·玉州(外九首)

郁林县第一初中9班　莫伟仁

江南忆，最忆是玉州。一中玉高均名校，求知习读乐无愁。知悉母校华诞到，感恩情自流。

江南忆，最忆是玉州。初中一中为魁首，学子源源登高校。黉门春花结秋实，连年喜丰收。

临江仙·自强

欢迎大军进城日，母校充满吉祥。历史夏至义渊长。黉门春常在，百姓喜洋洋。

教育今定为国策，师德师道荣昌。母校舞浪行。优劣多少事，贵在永自强。

点绛唇·笑醉

金色年华，求学习读玉一中。三载寒暑，逐梦竞用功。

分多聚少，暮年喜重逢，诸媪翁，妙语连珠，笑醉泪眼朦。

长相思·情谊

老师情，学子情，深厚情谊心中萦。浪起也难平。

情盈盈，谊盈盈，初中三秋凝结成。相伴终生行。

结袜子·举玉盅

八桂东南玉一中，垦育人才今昔同。数十年来如松柏，枝繁叶茂郁葱葱。

恩师慈祥诲不倦，学子孜孜竞用功。盼到母校大庆日，师生畅饮举玉盅。

朝中措·浮脑中

闭目昂首对苍穹，一中浮脑中。鬱高校斜对，书声阵阵飘风。

无瑕少年，姐妹倍亲，哥弟同共。母校华诞欢庆日，樽前看取媪翁。

长命女·心愿

聚会宴，色酒一杯诉一遍。游子有三愿：一愿母校发达；二愿恩师体健；三愿弟妹如矫燕，五湖四海见。

清平乐·老情

人间老情，时难说明。获得者心悦神宁，失却悔恨暗惊。

摸触无体无形。细听无语无声。感知自悟可也，让人纠结灵精。

清平乐·自省

自我反省，人生一美景。绚丽灿烂又宁静，经验教训全领。
成功贵在奋斗。自省不断进步，失误必存纰漏，糊涂自然落后。

清平乐·怀旧

暮年怀旧，犹嚼五香豆。情感还童人添寿，失却难补遗漏。
年轻全力拼博，力求秋来果硕；老来注重身康。营造后生快乐。

诗词集趣·七律

钟伟仁

自警

人生最怕青春期，　年轻幼稚又无知。
不良习惯须自警，　莫沾烟酒要坚持。
老师教诲如良药，　益友诤言胜诗书。
静坐常思自己过，　闲谈莫议他人非。

起步

初级中学共三年，　人生起步苦在前。
一中热土长年暖，　清湾碧水世代甜。
求知求真当自立，　戒骄戒躁要争先。
积沙成塔须韧劲，　根基夯实树参天。

磨炼

高中学习赶潮流，　勤工俭学亦丰收。

仁东劳动挑白土， 坡塘炼铁睡山头。
六万烧炭值盛夏， 罗冲运粮正深秋。
一点一滴炼体魄， 千锤百炼砺锋芽。

修身

人生道路坎不平， 立身切莫累浮名；
宇宙之内取无尽， 天地之间得兴清。
知足确应随所遇， 感悟是个顺世情。
心术莫可逆常道， 言行表率树文明。

勤政

正人首要正自身， 夙夜在公好精神。
欲无后悔须律己， 若想成功莫妒能。
勤政笃行多奉献， 敬业爱岗少纠纷。
凡事不必尽人意， 但求无愧于我心。

爱生

以人为本创新风， 德育为先重启蒙。
先进典型树榜样， 后进学生要沟通。
一信二爱三不弃， 四项关心一视同。
公平正义施善教， 全面振兴玉一中。

教改

素质教育好措施， 德智体美莫偏离。
深化改革探新路， 侧重训练求真知。

四环递进活教法，　五科文理重双基。
激励自学长能力，　质量上乘出名师。

育师

育人大计任在肩，　千头万绪夜难眠。
乐育名师解困惑，　喜有青年冲向前。
三尺讲台炼矢志，　五更灯火铸新篇。
后生可畏创佳绩，　新老交替传教鞭。

担当

教书育人莫等闲，　千斤重任敢担当。
自奋自强励壮志，　披荆斩棘克时艰。
风雨同舟奋展翅，　和衷共济严把关。
科学研究谋发展，　王园旧貌变新颜。

追求

根之生命要汲取，　人的旅途在追求。
白天黑夜相交织，　苦骨劳心无尽头。
甜酸苦辣品真味，　是非成败究其由。
品格尊严凭成就，　有为度日乐千秋。

奋发

盘古降临天地开，　宇宙之间灵气来。
夏炎冬寒经历炼，　春华秋实慰情怀。
不遭磨难非好汉，　莫受忌妒是庸才。

重任在肩勇挑起，风帆奋发济天涯。

接力

辰龙送春绿意浓，校友精英聚一中。
九十华诞酿喜讯，八桂名校建奇功。
学子紧握接力棒，园丁承传好校风。
王园代有才人出，风骚各领显神勇。

美景

香樟木棉满园栽，园林风景创名牌。
春夏秋冬树常绿，暑寒冷暖花长开。
遮风似伞三春木，挡雨如亭四化材。
生态校园呈美景，育人圣地现和谐。

感悟

从教生涯感悟深，厚德博学重树人。
以人为本顺发展，依规办学应乾坤。
公平正义善施教，一视同仁乐求真。
临事遵循育人才，终生无悔享天伦。

抒情

沧海桑田九十年，师生深情一线牵。
同窗共逐成才梦，齐心一拼动地天。
王园沃土培学子，清湾碧水育精英。
桃李重逢精神爽，粗茶浊酒胜神仙。

满江红·一中新姿

紫泉启航，谋发展，绸缪定计。明大任，自强不息，人才辈出。南疆八桂创奇迹，岭南古州传美誉。改革兴，争做弄潮儿，迎涛立。

二王园，风景异，树常绿，花满地。一中人，胸怀兴国大志。旧貌新颜人气旺，今朝伟业光辉熠。再腾飞，跃上九重天，开新纪。

沁园春·玉林市第一中学九十华诞有感

九十征程，培桃育李，铸造辉煌。自办学堂紫泉，流长源远，名师云集，栋梁遍布。清湾碧水，王园沃土，温馨苗圃育精英。高标准，喜示范建成，誉满南疆。

校兴频著新篇，重质量一心抓教研。要改革开放，科学发展，追求卓越，品牌效应。以人为本，德育为先，素质教育创佳绩。顺潮流，见和谐校园，快马加鞭。

沁园春·同学三十三班

玉林一中初中33班　钟健

岭南都会，千年古州，西望桥头。有玉林一中，是我母校，三十三班，同窗好友。[①]亲如姐妹，情同手足，你我共饮一杯酒。曾记否，到江岸“偷果”，谁是祸首？[②]别后东跑西奔，五十三年岁月艰辛。勿忘记师恩：炎善首席，日如随后，义昌紧跟。[③]传道解惑，授课答疑，老师教诲益终身。俱往矣，愿师生友情，万古长春。[④]

注释：

①笔者于1957年9月至1960年7月，在玉林一中初中33班读

书，大家毕业分别至今已有53年之久。

②20世纪五六十年代，玉林一中附近的江岸村水田里种植许多柑子和橙子，我们课余散步路过，有时顺手摘一两个尝鲜，“偷果”纯属戏言。

③玉林一中初中33班同学在校学习3年，班主任先后由李炎善(语文)、黄日如(生物)和罗义昌(语文)三位老师担任。

④使用玉林方言念诵这首词牌，可能更有韵味。

人生轨迹

鬱林县第一初中57级第7班　黄希珍

忆王孙·林场拓荒知青

造林垦地驻山崖，矮舍琴声溢竹笆。
巡视归来日已斜。逝韶华，育出良材献国家。

忆大浪沟护林棚(古风)

幼林遍层岑，　驻棚巡山行。
门对杉岭绿，　屋傍溪水清。
朝迎丽日出，　暮听归鸦鸣。
野菜调荤食，　玉泉沏山茗。
沽来“农家乐”，　烛光照醉人。
幽趣难忘却，　至今梦犹萦。

临江仙·绿色卫士

遍岭幼苗需管护，搭棚驻守遥岑。林区巡视杜灾情。甘离喧市井，野菜伴荤羹。

春夏秋冬随日过，风霜雨雪含辛。笑观树茂涧流莹。胸藏千嶂翠，无悔鬓星星。

南乡一剪梅·深山造林站

竹木绿遐陬，鸟雀欢歌碧涧流。应节野花开不败，山也清幽，水也清幽。

榉沁又金秋，育护森林岁月稠。望火楼台飘俚曲，情满山头，林满山头。

临江仙·亲情

浩劫当年惊噩梦，神州到处沉沦。是非颠倒乱纷纷。家音遭阻绝，母虑急如焚。

日出驱霾民雀跃，飞车归省慈亲。娘怜清瘦问艰辛。膝前难尽孝，不敢叹风尘。

晚年归梓里

飘零半纪任孤篷，　戚友惊迎白发翁。
种养重寻农户趣，　琴诗永葆彦门风。
径幽信步腰身壮，　泉洌烹茶色味浓。
浓泊人生求适意，　何需计较问穷通。

喝火令·故土情深

九九重阳日，金风送桂香。挈妻儿扫墓还乡。不肖子孙无奈，少返探门墙。

带束庭前草，随行植远方。就如故宅在身旁。抚草怀乡，抚草恋情长。抚草则心潮涌，故土若爹娘！

天净沙·退休山居(四首)

（一）

青禾翠柳葱杉，楼台盆景鲜花。遍寨新居境雅。溪流溢坝，一群戏水顽娃。

（二）

填词撰赋涂鸦，养种果栽瓜。归退身离汗马。骚朋叙话，俨然耕读人家。

（三）

同歌《再见妈妈》，独弹《雁落平沙》。倒也潇潇洒洒。几支曲罢，悠然一盏清茶。

（四）

自珍迟暮余霞，诗讴盛世中华。麻将字牌不打。江山如画，常思锦上添花。

浣溪沙·同学聚会

玉林第一初中初36班　陈治发

少时寒窗同三年，一朝离散去各边，不知何日再相见。　　五十春秋流水过，香茶美酒聚“果然”，乐见夕阳照半天。

注：原玉林一中36班同学2010年1月31日在玉林果然酒家聚会后所写。

念奴娇

玉林一中第37班　张敬福　李德彰　陈新

五十多年前的玉林一中母校，清江环绕，林丰木盛，花果飘香。当年的母校生活历历在目，我等有感而赋，并与后辈学友共勉共赏。

一园碧玉，锁低楼、朗朗书声云彻。五月荔枝红似火，师盼语真言切。流水潺湲，乡音袅绕，江石摸还热。悠悠往事，记来虽淡犹烈。

无奈人祸天灾，缺油少米，夜里饥肠逼。大伯薯摊人手涩，一角三朋分食。壮志青年，不言愁苦，心比东姣月。明天统考，琴箫依旧和悦。

青兰

玉林一中37班　张敬福

南桂一青兰，　芬芳四海间。
荔枝香未了，　已育百年人。

七律·清湾江畔母校情
——为母校玉林一中90周年校庆而作

玉林一中高12班　曾德盛

清湾江畔日初起，　正是学子诵书时。
青春寻梦步履急，　勤奋求知学风实。
衣单不畏寒窗苦，　志坚何惧风浪疾。
恩师教诲今犹记，　报得春晖莫谓迟。

庆校庆诗三首

玉林一中高11班　李丕愈

秋风月夜思故人

五十年间不相逢，　见面陌生问谁翁？
梦魂缭绕思故友，　几行名姓乡情浓。
三载同窗苦研习，　择升进取各西东。
只要有缘重聚首，　定当煮酒论英雄！

赞一中

大容发脉至一中，　源远流长四面通。
南流出海游新澳，　北漂北大过庆丰。
西倚长淇眺六万，　东临江岸赏彩虹。
饮水思源念母校，　八方学子尽归宗。

一中好！

九十周年庆一中，　八方校友喜重逢。
逢人都赞一中好，　尊师重教好学风！

致一中母校90华诞——四字歌

玉林初中38班　蒋道明

一中百年，栽桃播李；遥遥岁月，念想无期。
校园小花，懵懂幼稚；师长劳顿，学生成器。
含辛茹苦，花蕊别致；破茧成蝶，苍穹搏击。
擎起理想，缚住机宜；气宇轩昂，一中学子。

几多艰辛？几度立志？色彩斑斓，华章迭起。
感恩母校，恭谢老师；千言成语，无尽相思。

注：我是母校初38班的毕业生，因父母亲的政治背景，成了不宜升学分子。我无怨无悔，回归家乡的黄土地。而后进过广播站、站过教坛讲台，拓展了自己的创业天地。没有母校的培育，就不会有我后来的成就。所以，吟出了“四字歌”抒发感恩心迹。

后 记

岁月在匆匆又悄悄地流逝，不以时空为变易，不以人的意志为转移，不以任何外力而停滞。孔子曾说过："逝者如斯，不舍昼夜。"可见岁月的既往性与珍贵性。岁月的流逝，让人苦叹无奈，但岁月的既往，却留下了美丽的印痕，让人回眸。

我们玉林一中校友，不管在哪个时期，在什么战线，做何种工作，都是事业上的佼佼者，都是排头兵、突击队、主力军。可以说，我们的校友"武"功相当出众，为中国的物质文明建设做出了卓越的贡献！这本《岁月回眸》，与校友们在工作中大干苦干实干巧干的"武"的方面不同，它主要是展示我们的校友"文"的一面。内容有奇闻趣事，有对师友的追忆，有对以往学习、工作的甜美回忆，有对艰难岁月的追述，有对往昔挑灯苦读的回味，有对各种体育运动和课外活动的眷恋，还有对母校的祝福与对美好未来的憧憬，可谓丰富多彩。有记叙，有议论，有描写，有抒情；或诗或词，或歌或赋，感情真挚，情溢纸上。它是玉林市第一中学的校友用生花妙笔、联珠妙语演奏的一曲雄壮优美的乐章，充分体现了一中校友"文"治方面的了得，它真实表现了玉林一中校友在精神文明建设中取得的巨大成绩！对此，我们倍感欣慰。

回眸是令人陶醉的。本书带你走进玉林市第一中学九十年的光辉岁月，让你感受到玉林一中校友文学方面的深厚底蕴，领略到一中校友文学造诣的风姿。本书的编辑过程中，得到广大校友的热情支持与鼎力相助，在此深表谢意。但由于编辑的时间仓促，加之编者的水平有限，缺陷在所难免，望作者及读者见谅。更祈尚未赐稿的校友，运动您的巨擘，著出您的大作，以为续集，使我校友文治武功的本貌展现得更充分，更全面！

编写组　韦绍祥
2013 年 10 月

鸣谢与致歉

本书为玉林市第一中学庆祝成立90周年校庆纪念图书，在编选本书时，编选者已获得大多数作者授权。谨在此表示衷心感谢。

同时，因时间仓促及地址不详等原因，仍有部分作者未能取得联系。在此我们深表歉意。请未取得联系的作者及时与我校或编委会联系，以使我们尽快奉上您的样书和稿酬。

玉林市第一中学校史编委会

全体编写人员合影